LE
DOCTEUR MAURE

1796-1880

ESQUISSE BIOGRAPHIQUE

PAR PLUSIEURS DE SES AMIS

ET

PAR M. BARTHÉLEMY SAINT-HILAIRE

Sénateur, Membre de l'Institut

PARIS

TYPOGRAPHIE GEORGES CHAMEROT

19, RUE DES SAINTS-PÈRES, 19

—

1882

LE
DOCTEUR MAURE

1796-1880

LE
DOCTEUR MAURE

1796-1880

ESQUISSE BIOGRAPHIQUE

PAR PLUSIEURS DE SES AMIS

ET

PAR M. BARTHÉLEMY SAINT-HILAIRE

Sénateur, membre de l'Institut

PARIS

TYPOGRAPHIE GEORGES CHAMEROT

19, RUE DES SAINTS-PÈRES, 19

1882

LE
DOCTEUR MAURE

———

LE

DOCTEUR MAURE

Essayer de perpétuer le souvenir d'amis qui ne sont plus, c'est un adoucissement à de justes regrets, et c'est aussi un devoir envers la société, qui a su, de leur vivant, honorer les services qu'ils lui ont rendus. On se console en pensant à eux; et en rappelant d'une manière un peu durable ce qu'ils ont fait, on a l'espoir de provoquer, par le récit de leur vie, l'imitation de leurs vertus. Leur mémoire gagne à être connue, et l'hommage qu'elle reçoit contribue à propager l'amour du bien, en montrant comment ils l'ont pratiqué durant une longue et laborieuse carrière.

A ces deux titres, les amis de M. le docteur Maure ont cru devoir lui consacrer une notice, qui, sans doute, ne dira pas tout ce qu'il a été, mais qui fixera du moins quelques traits d'une physionomie et d'un caractère qui méritent de n'être pas oubliés. Peu d'existences auront été aussi remplies et aussi simples que la sienne. Né dans un pauvre village des montagnes, il y est mort, et sa tombe est dans les lieux où fut son berceau ; disciple docile et studieux dans les classes du collège où il recevait sa première instruction, voué de très-bonne heure à une des professions libérales les plus pénibles, appelé par la confiance de ses compatriotes au conseil de son département, où il est resté sans interruption tout un demi-siècle ; puis, dans les conseils de la nation, où il a siégé toutes les fois qu'ils ont été libres, il a su être tour à tour et sans efforts, bon écolier, bon médecin, bon citoyen et homme public, toujours à la hauteur de ses fonctions et de ses devoirs, et toujours d'une absolue indépendance.

Le docteur Maure (Jean-François-Paul-Fortuné) était né à Saint-Césaire le 11 octobre 1796 (21 vendémiaire an V.) Son père, Jacques Maure, était agent municipal ; et c'est lui qui a doté Saint-Césaire de ses rues actuelles, larges et régulières, au lieu de ses anciennes rues, étroites et malsaines. Saint-Césaire, dans le département actuel des Alpes-Maritimes, est placé à l'extrémité d'un plateau, et d'une large vallée surplombant presque à pic le petit fleuve de la Siagne, qui coule, à quelque 300 mètres plus bas, entre les rochers, où il se précipite. La position est très-forte à l'ouest et au sud ; elle n'est abordable que du côté de l'est et du nord. Saint-Césaire compte environ 1,500 habitants. Le sol qui, produit de superbes chênes, du blé, de la vigne et des oliviers, est pierreux et d'une culture excessivement difficile. L'homme doit en quelque sorte le créer en le débarrassant, par un labeur énorme, des rochers qui l'encombrent et le cachent. La terre est très-fertile une fois qu'on l'a trouvée à force de persévérance et de sueurs. Cette âpre nature fait une population exceptionnellement robuste, capable de supporter toutes les fatigues, en général très-sobre, comme le sont nécessairement des gens qui ont constamment besoin de toute leur vigueur et de toute leur énergie. Le climat est très-sain, à une altitude de 600 mètres environ, et à sept ou huit lieues de la mer. Il est très-chaud en été, et le froid y est assez vif en hiver. La partie de la vallée, qui est au nord de Saint-Césaire, est entourée de montagnes, dont la plus élevée est celle d'Escragnoles, qui termine un paysage grandiose et assez pittoresque, quoique dénudé.

La famille principale à Saint-Césaire et la plus riche était la famille Maure ; elle s'était établie dans le pays depuis deux cents ans au moins. Malgré son aisance, il paraît bien qu'elle partageait les habitudes viriles des paysans, de qui elle était respectée et aimée, parce qu'elle leur faisait beaucoup de bien. Nous n'avons pas de détails bien précis sur l'enfance du docteur Maure ; mais d'après ce qu'il nous racontait parfois lui-même de ses courses enfantines, il est à croire que son éducation n'avait pas été plus molle que celle de tous les autres enfants du village, appartenant à des familles moins fortunées. Vers l'âge de douze ans, il fut envoyé au collège du chef-lieu, à Draguignan, qui venait de s'ouvrir, comme tant d'autres, à la suite du grand décret-loi de 1808. Là il eut le bonheur de rencontrer de très-bons maîtres, survivants des

anciennes congrégations détruites. Parmi eux,
le principal du collège, M. l'abbé Hermelin, lui
donna des soins tout particuliers. Il avait remarqué les aptitudes et la rare intelligence de
l'enfant ; et quand le jeune Maure sortit du collège, en décembre 1814, à l'âge de dix-huit ans,
il pouvait emporter un certificat tout personnel,
où le principal attestait « qu'il avait été un des
meilleurs élèves et qu'il faisait concevoir les
espérances les plus flatteuses et le succès le plus
certain. » Le bon principal avait deviné le futur
docteur Maure, avec une perspicacité qui ne
fut point trompée ; l'élève reconnaissant a gardé
toute sa vie ce précieux témoignage, qui pré-
disait son avenir, et que nous avons vu dans
ses papiers.

Du collège de Draguignan, il passa à Montpellier, où il obtint, au bout de quatre ans d'é-
tudes assidues, le diplôme de docteur en médecine. C'était là un stage des plus courts, et nous
douterions qu'il ait si peu duré, si nous ne
trouvions le fait attesté dans des documents irré-
cusables. De Montpellier, il vint quelque temps
à Paris pour se perfectionner. Le jeune docteur

exerça d'abord à Saint-Césaire et dans les environs. Les routes de ces contrées, que M. Maure a fait améliorer plus tard si complètement, étaient alors détestables ; il fallait faire à pied la plupart des courses ; l'usage du cheval n'était pas toujours possible ; et ces débuts de carrière auraient pu accabler un corps moins solide et un caractère moins ferme que celui du docteur.

Vers 1820, la réputation du jeune médecin était assez grande déjà, et sa clientèle assez étendue, pour qu'il dût chercher un plus vaste théâtre. Toutefois il ne s'éloigna pas beaucoup de Saint-Césaire, et il alla fixer, en partie du moins, sa résidence nouvelle à Grasse, distante de quelques lieues, et, après Draguignan, la ville principale du département. Il s'y maria bientôt, en 1822, avec Mlle Courmes, la compagne de sa vie entière, qui devait mourir quelques heures seulement avant lui, après cinquante-huit ans d'union. M. Courmes, le père de Mme Maure, avait été nommé maire de Grasse après la Révolution de Juillet ; et il avait été élu député à l'unanimité ; sa femme tenait à la famille d'Isnard, le conventionnel.

Jusqu'où allait la science spéciale du docteur, c'est aux médecins, ses confrères, d'en juger et de nous apprendre précisément ce qu'elle était ; mais sans pouvoir entrer dans des détails trop techniques, ceux de ses amis qui ont vécu dans son intimité peuvent dire au moins ce qu'ils ont vu, et comment ils apprécient le mérite professionnel du docteur. D'abord, ils peuvent attester que, dans tous les cas graves, ses confrères ne négligèrent jamais d'en appeler à son expérience consommée, et de le faire venir en consultation. Cette confiance, qui est décisive, dura autant que la vie même de M. Maure ; et bien que, dans ses dernières années, il pût se croire un droit incontestable au repos, il ne refusa jamais son concours chaque fois qu'on le réclama. Tous les malades qui ont reçu ses soins ont pu reconnaître, ainsi que les personnes qui vivaient près de lui, la sûreté pour ainsi dire infaillible de son diagnostic ; il ne s'est presque jamais trompé dans ses prévisions, favorables ou menaçantes. Cette faculté éminente du diagnostic est celle qui constitue, à proprement parler, le véritable médecin. La pratique la plus attentive ne la procure pas, et elle peut tout au plus la développer ; c'est un don d'origine ; et le médecin qui ne la possède pas naturellement ne peut guère se flatter de l'acquérir. C'est ce qui fait que les bons médecins sont presque aussi rares que les poètes, chez qui le génie vient également d'une source supérieure ; l'homme ne peut y puiser que parce qu'il l'a d'abord reçue par un don tout gratuit.

De là venait chez le docteur Maure, de même que chez tous les praticiens d'une haute valeur, une autorité qui frappait les simples spectateurs plus encore que les malades, et qui donnait à toutes ses décisions et à ses conseils un poids sans lequel l'intervention du médecin reste à peu près vaine. La science même, quelque réelle qu'elle soit, ne remplace pas cette influence morale, qui ôte toute hésitation, et au docteur prescrivant ses ordonnances, et aux patients qu'elles doivent soulager ou guérir. On peut ajouter que cette autorité s'étendit du domaine de la médecine à toutes les relations de M. Maure ; la responsabilité si grave de la profession médicale l'avait habitué à être en toutes

choses plein d'une circonspection et d'un sérieux, qu'il savait d'ailleurs parfaitement allier
avec l'enjouement naturel d'un esprit railleur
et légèrement sceptique, quoique toujours bienveillant. On a senti cette qualité de M. Maure
dans le conseil général, dont il a fait partie ou
qu'il a dirigé pendant si longtemps ; elle a été
également sentie par tous ceux qui ont eu
affaire à lui pour quoi que ce fût. Cette autorité
était la plupart du temps toute-puissante, sans
être jamais impérieuse ni hautaine.

Ce que les amis de M. Maure ont pu encore
observer sûrement dans sa pratique médicale,
c'est un sang-froid imperturbable, qui laissait
à son jugement tout le calme nécessaire ; il
ne se hâtait jamais de se prononcer, parce qu'il
ne voulait se prononcer qu'en toute sécurité
de conscience. Il ne se pressait pas d'émet-
tre une opinion qui n'eût pas été assez réflé-
chie ; mais aussi, il n'avait point à revenir sur
celles qu'il avait une fois émises, par ce motif
péremptoire qu'il n'avait en effet rien à y changer. La mobilité tient le plus souvent à la pré-
cipitation ; et comme il ne précipitait rien, quoi-

qu'il fût très-actif, il ne variait pas plus dans les questions médicales qu'il ne varia plus tard dans les questions politiques, bien autrement complexes et obscures.

Du reste, il se tenait au courant de tous les progrès de la science ; et comme il l'avait approfondie dès longtemps pour lui-même, il pouvait discerner d'un coup d'œil les découvertes réelles qui la faisaient avancer, sans se laisser tromper à ces prétendues découvertes qui ne résistent pas à l'examen des vrais savants.

Un fait nous a été révélé tout récemment, qui montre bien le dévouement sans bornes que le docteur Maure apportait à sa belle profession. En 1835, le choléra était parvenu jusqu'à Grasse, et il y faisait d'affreux ravages. Au moment de l'année où il éclata, le docteur habitait Saint-Césaire avec toute sa famille. Ses oncles, craignant pour lui la contagion, voulaient le retenir au village ; et ils le surveillaient avec une vigilance qui ne lui permettait guère de s'éloigner à leur insu. Mais le docteur trouvait, plusieurs fois par semaine, les prétextes les plus irrésistibles pour se rendre à la ville, et y traiter

les malades, au risque de succomber lui-même
au fléau dont il cherchait à les défendre. On
aurait ignoré cette abnégation et ce courage, si
cette circonstance n'eût été dévoilée dernière-
ment, à l'occasion de sa mort, par une religieuse,
qui, à cette époque déjà bien lointaine, avait été
soignée et guérie par lui. C'était là, si l'on veut,
le pur accomplissement d'un devoir de profession ; mais il est beau de savoir le remplir sans
redouter un péril qui peut être mortel.

Après trente années d'exercice ininterrompu,
M. Maure cessa presque entièrement de faire
de la médecine lucrative. Il ne fut plus médecin
que pour ceux qui n'avaient point à le payer,
c'est-à-dire ses amis et les pauvres. Par une
assiduité qui ne s'était pas un instant ralentie,
il avait acquis une fortune qui, jointe à son
patrimoine, suffisait, et au delà, à ses goûts
modestes. Ses premières années, celles du collège et surtout celles de la pratique, avaient
affermi et fortifié en lui les qualités naturelles
qui le portaient en toutes choses à la modération ; il n'avait aucun luxe pour lui-même ; il
ne tenait à en montrer que quand il recevait

ses amis, ou des personnages auxquels il devait
une politesse et qu'il voulait fêter. Lorsque ses
clients gratuits avaient à demander ses soins, il
les leur prodiguait avec d'autant plus de sollicitude qu'il n'y avait pas lieu à rémunération. On
eût dit qu'en lui l'affection aiguisait la science
et qu'elle stimulait encore, s'il se pouvait, une
vocation qui le poussait à ne considérer absolument que le mal et les moyens de le combattre,
sans tenir presque aucun compte de toutes les
autres considérations. Mais à la louange du docteur Maure, on peut ajouter qu'en ceci il ne faisait pas une exception en faveur de ses amis. A
ses yeux, tout être souffrant, était dès qu'il pouvait le soulager, quel qu'il fût, égal à tout autre.
C'est que la maladie ne connaît pas les rangs
que la société est obligée d'établir dans son sein ;
elle nous frappe tous indistinctement, comme
la mort, dont elle est trop souvent le prélude.
Au fond, le médecin digne de ce beau nom n'a
pas d'autre ennemi que le mal, ni d'autre
préoccupation que de le vaincre. En tant que
docteur, M. Maure ne fut jamais animé que de
ces sentiments ; et si la médecine l'a quelque

temps enrichi, il n'avait du moins jamais pensé qu'elle fût faite pour enrichir; elle doit guérir, et voilà tout. C'est là le grand, le noble côté de la profession du médecin, quand on a le bonheur de la comprendre de cette façon héroïque.

Peut-être une autre vertu non moins précieuse avait-elle été aussi pour M. Maure le résultat de l'exercice de la médecine. Nous voulons dire son esprit de tolérance, qui était si marqué et si aimable. Quand on voit les souffrances humaines de si près, quand on reçoit tant de confidences obligées sur les maux ou les vices de l'âme, qui peuvent expliquer trop fréquemment les maux du corps, on prend l'humanité en une sympathie profonde, qui s'accroît même des efforts consacrés à la guérir; on la plaint bien plus qu'on ne la blâme; et l'on est tout disposé à lui pardonner beaucoup, parce qu'elle a beaucoup à souffrir, peu importe que ce soit par sa propre faute, ou par des causes qui ne dépendent pas d'elle. Le médecin, pour peu qu'il ait le cœur compatissant, transporte dans le reste de sa vie la commisération que son art lui inspire à tout instant. La tolérance n'est en grande partie que le sentiment de l'infirmité commune à laquelle on participe soi-même; on est indulgent pour autrui, parce qu'on sait qu'on a besoin, soi aussi, de l'indulgence de ses semblables. Le docteur Maure portait l'esprit de tolérance jusqu'à ce point où le sage doit s'en garder, parce qu'elle tomberait dans l'indifférence. Il entrait volontiers dans la pensée de ses interlocuteurs, sans rien abandonner de la sienne. Certes on est tolérant sans être médecin; mais la science médicale aide à le devenir de plus en plus quand on y est déjà naturellement enclin. Un médecin intolérant est à peu près incompréhensible; et il aurait bien peu profité de la dure expérience que chaque moment lui impose.

Voilà, en quelques traits fort généraux, ce que M. Maure a été comme médecin.

Dans l'administration et en politique, nous le verrons le même, attentif, dévoué, toujours prudent et modéré, actif et sage, ne songeant qu'au bien public, et l'accomplissant sans orgueil dans le succès, sans découragement devant les obstacles ou les revers. Les qualités éminentes et variées qui le distinguaient l'avaient signalé de bonne heure à l'estime et à la confiance de ses concitoyens. Il avait appartenu dès sa jeunesse au parti libéral, dont il avait accepté les principes, sans en partager les passions. Mais comme le libéralisme était fort mal vu du pouvoir sous la Restauration, ce ne fut qu'après la Révolution de Juillet que les électeurs purent l'appeler au conseil général du Var; le canton de Saint-Vallier, qui l'a fidèlement réélu pendant cinquante ans, faisait alors partie de ce département; et c'est seulement après l'annexion du comté de Nice en 1860, qu'il a été rattaché, avec l'arrondissement de Grasse, au département des Alpes-Maritimes.

En 1830, M. le docteur Maure était choisi par le conseil général du Var pour secrétaire, probablement comme un des membres les plus jeunes et aussi comme un des plus capables. On a conservé de lui un mémoire de 1844 sur les sésames ou graines oléagineuses, qui parut si important que le conseil général le fit imprimer aux frais du département. La question des graines oléagineuses intéresse essentiellement toute cette région de la France, où domine la culture de l'olivier et qui peut redouter une concurrence nuisible [1]. Durant tout le règne de Louis-Philippe, le docteur Maure exerça les fonctions publiques qui lui eussent été confiées les premières; et ce ne fut qu'en 1848 qu'il devint président du conseil général, qui avait pu apprécier de plus en plus l'utilité toute pratique d'avoir un tel chef à sa tête. Les délibérations étaient toujours dirigées avec l'impartialité la plus réelle et la régularité la plus complète; mais, en outre, les résolutions prises étaient exécutées avec une exactitude et une habileté qui les rendaient toujours efficaces.

A l'occasion des élections générales de 1846, M. le docteur Maure avait été nommé député; et en effet personne dans le département ne tenait une place aussi large ni aussi justifiée. Il était effectivement le représentant du Var; et l'élection politique ne fit que sanctionner un fait qui était incontestable aux yeux de tous les partis. Les populations n'auraient pas compris qu'un

1. Nous avons cru devoir reproduire ce mémoire à la fin de la présente notice, comme spécimen des travaux administratifs du docteur.

autre que lui pût être envoyé au Parlement. A dater de cette époque, les fonctions de député et les fonctions de conseiller général se mêlent tellement dans la vie de M. Maure, qu'elles y semblent inséparables, et que, quand des événements de force majeure viennent à les séparer, elles n'en continuent pas moins d'avoir leurs conséquences ordinaires, de telle sorte que c'est sous les années de l'Empire que M. le docteur Maure a obtenu le plus de faveurs pour son département, sans être rien dans les Chambres. C'était comme une force acquise, qui continue à se mouvoir même après que l'impulsion initiale a cessé.

Dans le Parlement, M. Maure n'était pas appelé à jouer un rôle éclatant; la nature ne l'avait pas fait orateur; et bien que sa parole eût beaucoup de force quand il voulait, elle n'était pas de celles qui brillent à la tribune. Il jugeait parfaitement les choses et les gens; et ses conseils étaient toujours dictés par la raison la plus ferme et la plus désintéressée. Peut-être n'est-ce pas la condition la meilleure pour être entendu, tout en méritant de l'être. En 1846, lorsque M. le docteur Maure entra dans la vie politique, les destinées de la monarchie libérale étaient déjà bien compromises; il prit le seul parti qui pût encore avoir quelques chances de la sauver. Conservateur et libéral, il se rangea parmi les ministériels progressistes, qui espéraient obtenir de Louis-Philippe des réformes, jusque-là obstinément refusées, quelque salutaires et urgentes qu'elles fussent. Il était bien résolu à combattre le cabinet Guizot, dont l'aveuglement coupable causait tout le danger; mais les événements allèrent plus vite que les progressistes; et la Révolution de Février renversa un trône dont le roi lui-même n'avait cessé de miner inconsciemment les bases, en faussant le principe constitutionnel durant tout son règne, sans se douter qu'il se suicidait.

Dans les premiers moments de surprise et par respect pour les institutions qui venaient de tomber, M. Maure n'éprouva pas d'empressement à recevoir un nouveau mandat sous la seconde République. Il s'abstint de se présenter pour la Constituante de 1848, et ce ne fut qu'en 1849 qu'il entra à la Législative. Il appartenait dans cette assemblée à la gauche modérée, où siégeaient à ses côtés quelques-uns de ses amis, encore vivants, M. Barthélemy Saint-Hilaire entre autres. Il s'y était lié étroitement avec M. Alexandre Bixio, enlevé trop tôt à son pays; et il faisait partie avec lui d'une commission d'enquête parlementaire sur les salines, quand le coup d'État de décembre 1851 vint suspendre encore une fois sa vie politique, comme elle avait été non moins inopinément suspendue quatre années auparavant. Il resta membre du conseil général; mais il cessa d'en être le président; il ne devait reprendre ce poste honorable qu'après la chute de Napoléon III.

M. le docteur Maure n'était pas homme à rien faire contre l'Empire; mais il était encore moins homme à se donner à lui. Écarté de la députation, parce qu'il ne consentit jamais à une candidature officielle, il ne perdit rien cependant de son influence; il continua, comme par le passé, à agir avec sagesse et activité dans l'intérêt du département des Alpes-Maritimes, et parfois aussi des départements voisins. Une question qui l'avait toujours occupé, peut-être

plus que toute autre, c'était celle des routes et
des chemins. Partout les voies de communica-
tion multipliées et faciles sont de la plus haute
importance pour les relations des personnes et
pour les échanges de toute espèce; mais dans
les pays de montagnes, elles sont plus nécessaires et plus précieuses que partout ailleurs.
M. Maure a toujours consacré à cette partie de
l'administration les soins les plus énergiques
et les plus constants. Il s'en occupait encore
quelques jours avant sa mort, comme il l'avait
fait durant sa vie entière; et c'est à lui pour
une très-grande part, c'est à son insistance, et
à ses inspections personnelles que les deux
départements du Var et des Alpes-Maritimes
durent l'amélioration incessante et considérable
de leur viabilité. En 1847, il avait pu obtenir,
comme député, la rectification de la route n° 85,
qui joint Grasse à Grenoble, et Grasse à la
plaine; et comme toute la population savait
que c'était à M. Maure qu'elle était redevable
de ce bienfait, elle lui avait préparé, lors de
son retour à Grasse, une ovation enthousiaste.
Quatorze ans plus tard, en 1861, alors qu'il

n'était plus députe ni ne voulait l'être, c'est à
lui surtout que la ville de Grasse dut le vote de
l'embranchement de chemin de fer qui la reliait
au grand réseau de Paris-Lyon-Méditerranée.
Reçu de nouveau avec les manifestations les
plus vives de la reconnaissance populaire, il put
jouir d'un triomphe qui lui était bien dû. Mais
un vote législatif ne suffisait pas, quelque essentiel qu'il fût. L'exécution de l'embranchement
tardait toujours, et c'est à peine si deux voyages
à Paris, en 1863 et en 1867, purent obtenir enfin
l'exécution immédiate des travaux. Il est juste
d'ailleurs de reconnaître que M. le docteur
Maure avait été secondé dans ses pressantes
démarches par M. Gavini, préfet des Alpes-
Maritimes, et par M. Rouher. C'est grâce à leur
appui, actif et tout-puissant, qu'après six années
d'efforts infructueux, M. Maure put enfin réussir
et doter la ville de Grasse d'un chemin de fer,
qui contribue déjà tant à sa prospérité, et qui
en outre est une tête de ligne utile à toute la
contrée.

Pour qu'on se fasse une idée précise de ce
que peut un homme intelligent et généreux,

comprenant bien les intérêts qu'il veut défendre, et sachant les servir pratiquement sans avoir de fonctions officielles, il est bon de rappeler ce qu'a fait M. le docteur Maure pour assurer au village de Saint-Césaire, qui avait naturellement toutes ses prédilections, l'usage permanent d'eaux abondantes et régulières. Obtenir sur ce plateau de l'eau pure et en suffisante quantité, pour l'assainissement du lieu et la commodité de ses habitants, c'était un rêve séduisant, et, si on le réalisait, un avantage incalculable. Mais quel problème! Quels obstacles à surmonter! En ligne perpendiculaire, Saint-Césaire est de 252 mètres supérieur à la Siagne, qui coule au pied du rocher. Aujourd'hui, la mécanique est assez avancée et assez sûre de ses procédés pour pouvoir répondre qu'elle amènera l'eau à cette hauteur. Mais quelle dépense de premier établissement! Quels frais d'entretien! Cependant il n'y avait pas à choisir : le seul moyen qu'on pût employer était un système de pompe aspirante et foulante, qui puiserait le liquide à la Siagne et l'élèverait, malgré cette différence effrayante de niveau. Pour éviter ce travail gigantesque, le docteur Maure avait fait tenter des sondages, à bien des reprises, dans la vallée, ou sur divers points du territoire ; nulle part on n'avait pu atteindre de nappe souterraine. Un puits artésien était donc impraticable. D'un autre côté, la Compagnie qui, dès 1865, s'était occupée d'amener par un canal les eaux de la Siagne jusqu'à Antibes, avait préféré le tracé qui suivait presque toutes les sinuosités du petit fleuve ; et elle avait rejeté, sous des influences peu équitables mais irrésistibles, le tracé qui l'aurait amené à la portée de Saint-Césaire et conduit par Cabris et Grasse jusqu'à Cannes. A défaut de l'une et l'autre de ces solutions, il fallait bien se résigner à une machine élévatoire ; et par conséquent, à des sacrifices de tout genre.

Le docteur Maure vainquit tant d'obstacles après trois ans de débats avec la Compagnie adjudicataire. Mais ce n'étaient pas uniquement des discussions à soutenir, des démarches à multiplier, des négociations à conduire. Il fallait en outre avoir beaucoup d'argent, et aussi beaucoup de générosité. D'abord M. Maure acheta les sources de la Siagne, pour que la Compagnie, à qui il les donnerait, eût toute sécurité sur le débit des eaux; ensuite, il lui céda à moitié prix son usine à papier établie sur une des chutes du petit fleuve; enfin, pour qu'elle consentît à construire la machine de Saint-Césaire, il fit à la commune un don de 20,000 francs, qui lui permettrait de payer à la Compagnie une redevance annuelle de 1,000 francs, destinée à l'entretien du système.

Après cette longue lutte, semée de bien des péripéties, grâce aux subventions que le docteur Maure lui seul devait payer, la convention fut signée en juillet 1867; elle stipulait 3 litres à la seconde; en somme, 250 mètres cubes d'eau en 24 heures. Un an environ après la signature de ce contrat, le 8 novembre 1868, l'eau montait à Saint-Césaire. Quel jour pour le village! Quels sentiments de sérieuse satisfaction! Quels transports de gratitude! Quelles ressources de salubrité et de richesse pour toutes les familles! Quel incomparable bienfait, à ne jamais oublier, si les cœurs les mieux intentionnés n'étaient pas encore plus disposés à changer qu'à se souvenir!

Cette générosité, qui s'exerçait en grand sur une population tout entière, se montrait aussi dans le détail des affaires de chaque jour. M. Maure a été un des hommes les plus obligeants de son temps; et c'est par milliers qu'il faudrait compter les sollicitations de tout genre dont il se faisait l'intermédiaire. On peut le demander à son ami M. Sénequier, le juge de paix de Grasse, qu'il appelait son secrétaire général et particulier, parce qu'il lui écrivait à peu près toutes ses lettres officielles. On peut presque dire que personne n'a essuyé de refus de sa part. Il fallait que la demande fût bien peu fondée pour qu'il la repoussât, si elle s'adressait à lui; ou qu'il refusât de s'en charger, s'il y avait à la transmettre à un autre. Dans les parties les plus élevées et les plus riches de la société, l'obligeance est encore fort appréciée, parce qu'on ne peut jamais se passer absolument d'aide et qu'il est agréable d'être bien accueilli quand on en réclame; mais l'obligeance a bien plus de prix encore à l'égard des classes les moins éclairées et les moins aisées. A Grasse, à Saint-Césaire, le docteur était accessible à tous; nul ne quittait son cabinet sans être plus content qu'en y entrant. Sa patience n'était jamais à bout, bien qu'elle fût mise fréquemment à de rudes épreuves. Nous avons été les témoins de ce patronage pendant des années; et nous l'avons toujours vu infatigable, bien qu'il ne fût pas sans ennuis ni sans mécomptes. Les cœurs charitables ne se lassent pas aisément.

Il semble qu'après tous les détails qui précèdent, on doit bien comprendre comment M. Maure a eu tant d'amis, dont quelques-uns comptaient parmi les personnages les plus illustres de son temps. On ne venait guère dans ces contrées aujourd'hui tant et si justement en vogue, à Cannes, à Grasse, à Antibes, au Golfe Jouan, sans chercher à se mettre en relations avec un homme qui occupait la première place dans le pays, et dont on pouvait réclamer, s'il était besoin, la science médicale. Mais ce n'était pas seulement le docteur en médecine ou l'homme politique qu'on recherchait; c'était avant tout l'homme d'esprit, d'un accueil si courtois et si hospitalier, qui connaissait si bien toutes les curiosités locales et qui se faisait un plaisir patriotique de les montrer à tout venant. Les étrangers étaient reçus non moins aimablement que des Français ; et l'affluence n'a pas cessé pendant une période indéfinie et toujours renaissante. Nous énumérons les noms de ces visiteurs, devenus bientôt des amis fidèles, selon que notre mémoire nous les fournit, sans prétendre leur assigner ni de rangs ni de dates, tous confondus dans une affection commune, qu'ils accordaient et qui leur était rendue.

En tête de tous, Lord Brougham, le chancelier d'Angleterre, qu'on pourrait surnommer le père et l'inventeur de Cannes, que, le premier, il avait signalé, pour son site admirable et son salutaire climat, aux touristes et aux valétudinaires, et où il avait fondé la villa qui servit de point de départ et de modèle pour une foule d'autres ;

Cobden, le membre de la Chambre des Communes, le promoteur des lois des céréales et du libre-échange ;

Jean Reynaud, l'enthousiaste auteur de *Ciel et Terre* ;

François Arago, l'astronome, le secrétaire perpétuel de l'Académie des sciences ;

Prévost-Paradol, le charmant écrivain, dont la fin déplorable a causé une douleur universelle ;

Lebeau, ministre des Affaires étrangères en Belgique, qui avait énergiquement contribué, en 1831, à l'érection du nouveau royaume ;

Odilon-Barrot, l'éloquent député, l'orateur libéral, président du Conseil des ministres sous la seconde République ;

Vivien, garde des sceaux, président du Conseil d'État, savant jurisconsulte ;

Dufaure, le puissant orateur, plusieurs fois ministre et président du Conseil ;

Tocqueville, l'auteur de l'ouvrage célèbre de la *Démocratie en Amérique*, ministre des Affaires étrangères, écrivain des plus distingués ;

Mérimée, romancier profondément original, artiste du goût le plus rare ; un des auteurs de notre temps qui ont eu le style le plus pur, le plus simple et le plus élégant ;

Mademoiselle Rachel, la tragédienne de génie, au moins aussi grande en son genre que Talma avait pu l'être dans le sien ;

Georges Sand, la femme de génie ;

Victor Cousin, le représentant le plus autorisé du spiritualisme contemporain, qui a ranimé toutes les études philosophiques parmi nous, qui a fondé l'histoire de la philosophie en France, et dont les écrits sur le XVIIe siècle seraient dignes d'être de ce siècle privilégié, où les lettres françaises ont jeté leur plus éclatante splendeur ;

Dumont, ministre des Finances sous la monarchie libérale, et président de la Compagnie de Paris-Lyon-Méditerranée ;

Duvergier de Hauranne, l'auteur de l'*Histoire parlementaire de la Restauration*;

Rivet, l'auteur de la Constitution qui appela M. Thiers à la présidence de la République en 1871 ;

M. Martel, garde des sceaux, président du Sénat, député sous Louis-Philippe et sous l'Empire, un des cœurs les plus droits et les plus ardents que Dieu ait jamais faits, et un des esprits les plus honnêtes de notre temps, courageux et bienveillant, l'impartial président de la Commission des Grâces ;

Et pour clore cette liste, qui pourrait encore

se prolonger si nous le voulions, le plus glorieux de tous, M. Thiers, avec qui M. Maure s'était lié dans la Chambre de 1846, qu'il avait retrouvé dans celle de 1849, qu'il avait visité plusieurs fois sous l'Empire, qu'il félicitait un des premiers, au nom de son conseil général, pour la libération du territoire en 1873, et qu'il revoyait à Nice, et à Cannes peu de temps avant sa mort.

Telle est l'élite au milieu de laquelle M. Maure a toujours vécu, sans compter ses amis encore bien plus nombreux de Grasse et de tout le département, qui le connaissaient plus intimement, qui profitaient de ses qualités attachantes d'une manière plus continue et plus directe, mais qui ne pouvaient pas les apprécier plus haut que tous ceux qui étaient entrés, quoique de plus loin, en rapports avec lui.

Ce portrait de notre ami ne serait pas assez complet, si après l'avoir considéré comme médecin, comme administrateur, comme politique, comme citoyen, et homme de société, nous n'ajoutions un mot au moins sur ses goûts d'agriculteur. Propriétaire d'une grande étendue de terres autour de son cher Saint-Césaire, il exploitait les unes par lui-même et ses domestiques ; il affermait les autres ; et plusieurs de ses tenanciers ont pu s'enrichir avec lui pour peu qu'ils aient aimé l'économie. Par son caractère et par toutes ses habitudes, le docteur n'était pas porté aux innovations, pas plus en agriculture qu'en politique ; mais il a toujours surveillé avec le plus grand soin les travaux de tous ceux qu'il occupait. Redoutant les essais aventureux, il tenait à ce que tout fût bien fait ; et il tendait à améliorer les choses par des progrès successifs et par des pratiques plus intelligentes. Quand l'oïdium envahit le pays, il fut le premier à soufrer ses vignes, et à donner à tout le monde l'exemple de ce procédé aussi sûr que simple. Il prouvait par cette initiative trop peu imitée qu'on n'avait qu'à faire comme lui pour avoir, presque sans frais, des vendanges aussi belles et aussi fructueuses que les siennes. La dépense du soufrage n'est rien absolument en comparaison des résultats qu'il procure ; et pour convaincre les incrédules autant qu'il dépendait de lui, il allait jusqu'à leur épargner les

déboursés d'un premier essai, en leur offrant
gratuitement le soufre et les instruments qu'il
fallait employer. Il apportait à d'autres cultures,
celles de l'olive et du blé, la même sollicitude;
et les rendements qu'il obtenait étaient presque
toujours supérieurs à ceux de ses voisins, moins
attentifs que lui. Il méritait d'autant plus de
leur servir de guide contre la routine, qu'il
n'obtenait pas ses produits à force d'argent, et
que la méthode qui les lui donnait était à la
portée des plus pauvres. Quand M. Maure
habitait Saint-Césaire, il ne se passait pas de
jour qu'il n'allât de sa personne sur ses exploi-
tations diverses. L'infirmité qui gêna ses dernières années pouvait ralentir son activité, mais
elle ne l'arrêtait pas; la plus grande partie de
ses courses se faisaient en voiture; ce qui ne
l'empêchait pas de marcher aussi beaucoup, len-
tement il est vrai, mais avec la vigueur infatigable de l'ancien montagnard et du médecin de
campagne.

En 1876, M. Maure a eu le prix d'honneur à
l'Exposition départementale de Grasse pour ses
cultures d'oliviers et de vignes.

C'est au milieu de toutes ces affections, de cette existence si calme, quoique aussi occupée, dans la retraite des champs qu'à la ville, que la mort est venue surprendre notre ami. Elle fut si rapide et si douce que ceux mêmes qui étaient dans son appartement, à deux pas de lui, s'en aperçurent à peine. Madame Maure, malade depuis longtemps, et alitée depuis cinq ou six jours, était morte dans la nuit, vers quatre heures et demie du matin. Nous n'avions voulu apprendre cette perte au docteur qu'à sept heures environ, au moment de son réveil. Il s'était levé une demi-heure après; il avait commencé à écrire quelques lettres urgentes; mais se sentant mal à l'aise, il s'était recouché pour peu d'instants. Croyant souffrir d'un rhumatisme vers le sternum, il s'était fait faire par le docteur Aubin une injection sous-cutanée de morphine. Nous le quittâmes quelques moments, le voyant près de s'endormir; à peine deux ou trois minutes venaient de s'écouler que, rentrant dans sa chambre, nous le trouvâmes déjà froid. Il avait été frappé d'une congestion pulmonaire; et il mourait quatre heures à peine après sa fidèle compagne, le 23 août 1880. Il allait avoir quatre-vingt-quatre ans.

M. le docteur Aubin et son frère, pharmacien à Marseille, ont veillé pieusement à tous les soins qui suivent la mort et préparent l'ensevelissement.

Le tombeau monumental que M. Maure avait commandé, par son testament, pour sa femme et pour lui, a été construit à Saint-Césaire, au sommet du village, dans une de ses propriétés; il a été inauguré le 27 août 1881, un an après son décès.

M. Maure avait été nommé commandeur de la Légion d'honneur en février 1877.

En 1862, il était nommé Président de la Société d'assistance et de secours mutuels des médecins des Alpes-Maritimes.

En octobre 1870, pendant la guerre, il était président du Comité de secours aux blessés pour son département.

NÉCROLOGIE

(Extrait du *Journal du Commerce* de Grasse)

M. le docteur Maure est mort, lundi 23 août 1880, à Saint-Césaire, sa ville natale. Nous ne retracerons pas sa vie politique ; d'autres l'ont fait avant nous et avec plus d'autorité. Des voix éloquentes et émues ont déploré cette perte cruelle. C'est avec un serrement de cœur qu'on lira plus loin les adieux des nombreux amis qui, surmontant leur douleur, ont tenu à donner un suprême témoignage de leur affection à celui qui leur avait prodigué la sienne. Nous n'hésitons pas cependant à remplir notre devoir et à nous associer, à notre tour, au deuil de la famille du docteur Maure, en lui offrant l'expression de nos sincères condoléances.

La ville de Grasse, patrie d'adoption du docteur Maure, gardera un éternel souvenir de ce citoyen dévoué et bienveillant, de cet homme excellent qui a parcouru la longue carrière de la vie en voulant et en faisant le bien.

On sait que Mme Maure a expiré quelques heures avant son mari. Épouse modeste et vertueuse, elle a su mettre en pratique le plus beau des préceptes de la religion chrétienne; sa charité fut inépuisable. Les pauvres pleureront longtemps celle qui toujours apporta un adoucissement à leurs misères et à leurs infortunes.

Les funérailles ont eu lieu mercredi matin, à Saint-Césaire, à huit heures. Malgré la distance, tous les amis du docteur Maure étaient accourus de Grasse; et derrière les deux cercueils se pressait une foule immense, triste et silencieuse.

Les cordons du premier poêle étaient tenus par MM. Barthélemy Saint-Hilaire, sénateur; Chiris, député; Leroy, secrétaire général de la Préfecture; Cavalier, président du tribunal civil de Grasse; Martelly, maire de Grasse; le docteur Vidal; le docteur Aubin, ancien maire de Saint-Césaire, et l'adjoint faisant fonctions de maire. Les cordons du second poêle étaient tenus par Mme Martelly, Mme Rostan d'Antibes, Mme Joseph

Nègre et plusieurs autres dames de Saint-Césaire.

Le deuil était conduit par MM. Victor Chauve, ancien président du Tribunal de commerce de Grasse, beau-frère de M. Maure, les deux frères Lorrein et toute la famille. Dans le cortège nous avons remarqué : MM. Antoine Cresp, président du tribunal de commerce; Sénéquier, juge de paix de Grasse; Bélandou, conseiller d'arrondissement; Guérin, ancien président du tribunal de commerce; Joseph Roubaud, ancien maire de Grasse; docteur Roustan; Joseph Luce, banquier; Edmond Chiris, négociant; Aubin aîné, négociant; etc.

L'église n'a pas suffi à contenir les assistants. Les dernières prières ont été dites par M. le curé de Saint-Césaire, assisté de M. l'abbé Philip, curé doyen du canton de Saint-Vallier.

Conformément aux dispositions testamentaires de M. le docteur Maure, on a déposé les deux cercueils dans un local provisoire, jusqu'à l'achèvement d'un tombeau dans le cimetière de Saint-Césaire.

DISCOURS DE M. L'ADJOINT DE SAINT-CÉSAIRE

Le Conseil municipal de la commune de Saint-Césaire, interprète des sentiments de la population, aurait cru manquer à son devoir, s'il n'avait accompagné, à sa dernière demeure, la dépouille mortelle de l'honorable docteur Maure, et s'il ne lui avait exprimé, dans un suprême adieu, les sentiments de reconnaissance et de respect que tous ses concitoyens gardent au fond du cœur, en souvenir des services innombrables qu'il a rendus à eux et à son pays.

Adieu donc, M. Maure ; brave citoyen, honnête homme, nos regrets vous suivent; mais votre souvenir, profondément gravé dans nos cœurs, restera au milieu de nous comme une légende et ne sera jamais oublié.

DISCOURS DE M. LÉON CHIRIS, DÉPUTÉ

Messieurs,

La profonde émotion que j'éprouve devant ces deux cercueils ne me permet d'adresser qu'un court adieu à celui qu'une mort inattendue vient de ravir à notre affection.

D'autres amis retraceront la vie intime de cet homme de cœur et de dévouement ; mais j'ai le devoir de rappeler à grands traits la carrière politique de celui qui fut à la fois mon maître et mon collègue dans les assemblées délibérantes.

Né à Saint-Cézaire, où il vient de finir ses jours, le docteur Maure se consacra d'abord à l'exercice de la médecine ; mais il montra de bonne heure les qualités qui font pressentir l'homme politique. Aussi, depuis 1830, a-t-il appartenu à nos assemblées départementales.

Élu député par le collège de Grasse, en 1846, il alla siéger parmi les conservateurs progressistes ; mais en 1848, il accepta loyalement les institutions républicaines ; et en 1849, il fut investi d'un nouveau mandat par ses concitoyens.

Au coup d'État de décembre, malgré toutes les tentatives et les séductions du nouveau pouvoir, il rentra dans la vie privée ; et, en 1863, lors du réveil de l'opinion libérale en France, il n'hésita pas à reprendre le drapeau des libertés publiques. On sait à quelles manœuvres il dut son échec.

Enfin, en 1871, malgré son âge avancé, ce cœur généreux, toujours prêt à se dévouer pour le bien public, accepta la haute mission de siéger à l'Assemblée nationale, pour accomplir le grand acte de la libération du territoire.

On ne peut mieux retracer les sentiments et les

croyances de cet esprit éminemment politique et sage qu'en rappelant sa profession de foi de 1849, qu'il s'était borné à replacer sous les yeux de ses électeurs, en 1871.

Permettez-moi, Messieurs, d'en citer quelques passages :

« Homme d'ordre et de modération, disait-il, je n'ai appelé ni de mes vœux ni de mes actes la révolution de Février. En voyant la France tranquille et prospère, j'avais appris à aimer ses institutions libérales, et je me bornais à en solliciter l'extension progressive. Quoique je n'aie pas souhaité l'avènement de la République, je m'y suis loyalement et franchement rallié, et je m'appliquerai dès lors à en assurer la durée et à conserver les principes constitutionnels qui lui servent de fondements. Je déteste avant tout les bouleversements ; j'appartiens au rang de ceux qui veulent améliorer nos institutions et non les détruire. Si donc il en est qui rêvent de nouvelles révolutions, qu'ils ne songent pas à moi, je ne saurais remplir leur mandat ; mais si ceux qui aiment l'ordre et la liberté dans l'ordre me jugent digne de les représenter, ils trouveront en moi, à défaut d'autre mérite, un concours dévoué, un cœur honnête et des intentions dont la moralité éprouvée ne faillira jamais. »

L'élévation de son caractère, la sûreté de ses relations et son inépuisable affabilité lui avaient valu d'illustres amitiés. Il n'a cessé d'appartenir, durant sa longue carrière, à ce grand parti libéral qui a eu l'insigne honneur de fonder en France les institutions parlementaires, et d'assurer, avec le triomphe de la République, le fonctionnement régulier du gouvernement représentatif.

Adieu mon cher maître ! adieu ! encore adieu, le meilleur de mes amis ! Puissent vos enseignements rester gravés dans nos cœurs, pour nous aider à marcher sans faiblesse et sans défaillance dans la voie que vous nous avez si dignement tracée !

DISCOURS DE M. LEROY, SECRÉTAIRE GÉNÉRAL,

Délégué par M. le Préfet

Messieurs,

M. le Préfet, que d'impérieuses obligations ont empêché, à son grand regret, de se rendre à cette cérémonie funèbre, m'a chargé de le représenter, et de dire, au nom de l'Administration supérieure, un dernier adieu au grand citoyen que nous venons de perdre. Et, bien qu'aucun discours ne vaille l'assistance nombreuse et recueillie qui entoure cette tombe, bien que la parole ne puisse rendre l'émotion douloureuse que je vois peinte sur tous les visages, il était du devoir du premier magistrat du gouvernement de la République dans ce département, de rendre par ma voix un suprême hommage à celui qui fut, toute sa vie, le défenseur et le soutien des idées libérales.

Le docteur Maure était une de ces hautes personnalités dont la France doit s'enorgueillir, et dont il faut honorer la mémoire, en donnant pour exemple à tous son existence entière consacrée au bien et à la justice. Chevalier de la Légion d'honneur en 1846, député en 1847, réélu à l'Assemblée législative, député en 1871, président du Conseil général et conseiller général jusqu'aux élections dernières, M. Maure consacra toutes ses forces au bien de son pays; et dans le cours d'une carrière si parfaitement remplie, qu'il n'abandonna que lorsque les forces lui manquèrent, on ne saurait dire le nombre de ceux qu'il a obligés, mettant au service de ses concitoyens son influence, ses relations et son inépuisable bonté. Durant cette longue période, M. le docteur Maure donna le rare exemple d'une inébranlable fidélité aux principes de liberté qui étaient innés en lui, et dont le culte avait été développé encore, s'il est possible, dans son cœur par l'étroite amitié qui l'unissait à des hommes tels que MM. Thiers, Dufaure, Mignet et Barthélemy Saint-Hilaire. Il était bien de la race de ces grands esprits; c'est-à-dire d'une fermeté à toute

épreuve sur le terrain de ses préférences politiques,
mais toujours modéré et conciliant. C'était là,
messieurs, le trait marquant de son beau caractère ;
et chose rare, il fut constamment estimé, honoré,
aimé par tous les partis politiques. Aussi lorsqu'en
1876, la croix de Commandeur de la Légion
d'honneur lui fut conférée, il n'y eut qu'une voix
pour applaudir à une distinction ratifiée d'avance
par l'opinion publique.

Et si, après avoir esquissé à grands traits la vie
politique de M. le docteur Maure, je veux parler
de l'homme privé, n'est-il pas absolument juste
de dire qu'il fut à la hauteur de l'homme public ?
Je parle ici sur le théâtre même de ses bienfaits ;
et je puis affirmer, sans crainte que personne me
contredise, que mon éloge sera incontestablement
au-dessous des réalités. Il sacrifia une partie de
sa fortune au développement de la prospérité de
ce pays, et donna sa vie tout entière au soulagement de ceux qui souffrent, sans chercher autre
chose dans son œuvre admirable et désintéressée
que les satisfactions de sa conscience et la pensée
du devoir accompli. Il fit le bien sans ostentation,
avec cette discrétion, ce tact, cette douceur qui
doublent le prix d'un bienfait, et rendent la
reconnaissance éternelle. Esprit fin, spirituel sans
aigreur, toujours indulgent, il apporta dans les
affaires un inaltérable bon sens, une grande expé-

rience ; dans ses relations de chaque jour, un charme, une séduction que n'oublieront jamais ceux qui l'ont connu. Si les honneurs vinrent le chercher dans sa modeste retraite, il ne fit jamais rien pour les attirer à lui. Les distinctions dont il fut à bon droit l'objet ne furent que la consécration spontanée des sympathies réelles et profondes qu'il inspirait à ses concitoyens et au gouvernement.

Que sa mémoire soit impérissable parmi nous. Qu'il reste toujours vivant dans notre souvenir comme un modèle de patriotisme, d'honneur et de probité politique.

Au nom du Gouvernement de la République, que je représente ici, j'adresse au vénéré docteur Maure, un suprême et solennel adieu !

DISCOURS DE M. MARTELLY, MAIRE DE GRASSE

Messieurs,

Je ne veux pas que la terre se referme à jamais sur ces restes mortels, sans dire, au nom de la ville de Grasse, — un suprême et dernier adieu à l'homme de bien que nous pleurons tous, — car si Saint-Césaire lui a donné le jour, c'est à Grasse,

qu'il avait choisi comme pays d'adoption et de
préférence, que s'est produite, développée et
accomplie cette existence qui avait fait de M. Maure
la personnalité la plus considérable de notre
arrondissement.

Quel chemin parcouru, en effet, entre le jeune et
modeste docteur en médecine de 1822 et l'homme
que nous voyions encore, il y a quelques jours à
peine, porter sans faiblir le poids d'une verte vieillesse, après avoir représenté pendant cinquante
ans son canton dans les Conseils du département;
la ville de Grasse, au Conseil municipal dans les
jours difficiles; son pays, dans les grandes assemblées délibérantes; — sous la monarchie parlementaire, à la Chambre des députés de 1846; sous la
seconde République, à l'Assemblée nationale de
1849; — sous la troisième République, à l'Assemblée nationale de 1871, après avoir été choisi aux
élections de 1863, comme l'expression du réveil de
l'opinion publique dans notre arrondissement;
pour le dire, il faudrait faire l'histoire ou reprendre
le récit de tous les événements qui se sont passés,
dans notre pays, depuis cinquante ans, de toutes
les améliorations qui ont été réalisées, de tous les
projets utiles ou sérieux qui ont été étudiés ou
exécutés, de toutes les idées justes et vraies qui
ont été accueillies et acceptées; — car M. Maure
a été mêlé à tout ce qui s'est dit et fait dans notre

pays, au point de vue moral et matériel, apportant le concours de son intelligence et de ses efforts à ce qu'il croyait juste et vrai, et repoussant ou combattant avec fermeté les idées contraires, mais avec cette douceur et cette bienveillance qui ont été le charme et l'explication de sa vie.

En effet, pour conquérir la situation à laquelle M. Maure était arrivé presque sans effort, pour s'imposer à l'opinion publique pendant si longtemps, il faut être supérieur, au moins par quelque côté, à ce qui nous entoure. Eh bien! c'est par la bienveillance et la bonté que M. Maure a dominé son époque : — comme médecin, en consacrant au soulagement des malheureux tout ce qu'une intelligence médicale vive et sûre avait créé de ressources dans cette âme honnête, et tout ce qu'un tact ingénieux inspirait à son esprit délié et fin ; — comme homme public, par un dévouement incessant non seulement aux grands intérêts qui lui étaient confiés mais encore à la défense des besoins individuels, des revendications légitimes, au-devant desquels sa bienveillance allait comme d'elle-même, — enfin comme homme privé, par des relations attachantes, sûres et discrètes, conservées et continuées, par une confiance absolue, dans lesquelles se révélait un esprit sobre mais fin, singulièrement propre à caractériser d'un mot une situation et qui n'a jamais glissé sur la pente d'un sentiment malveillant. Du reste, le secret de cette influence, demandez-le à ces amitiés sans nombre qu'il a inspirées, dans sa longue carrière, qui toutes ont honoré son existence et honoreront sa mémoire, et dont quelques-unes, si illustres, ont donné comme un reflet glorieux à celui qui avait su les mériter.

Je ne sais, messieurs, si je suis parvenu à conserver quelques-uns des traits de cette aimable physionomie; mais ce que je puis affirmer, c'est que la place qu'il a laissée restera longtemps vide et appellera les regrets, que tous ceux auxquels il donna une part de son amitié porteront le deuil de son affection si sincère et si vraie; et qu'en souvenir de tant de services rendus, de tant de dévouements et de bontés, en souvenir de cette existence dans laquelle il y a eu la place de tous les nobles sentiments et jamais d'un mauvais; j'accomplis un devoir en venant, au nom de la ville de Grasse, attristée et émue, déposer une couronne sur sa tombe, et exprimer le regret que ses restes mortels reposent loin du pays qui a été le témoin de sa vie, et pour lequel sa mémoire sera un exemple et un enseignement.

DISCOURS DE M. LE DOCTEUR VIDAL

Messieurs,

L'homme politique dont vous venez d'entendre louer si justement les grandes qualités était avant tout et fut toujours médecin.

C'est à ce titre, c'est au nom de tous nos confrères, que je viens rendre à sa mémoire l'hommage de nos regrets.

Les générations, qui se sont succédé à Grasse et dans tout l'arrondissement, sur ce chemin douloureux qu'on appelle la vie, et où le médecin a tant de bien à faire, ont trouvé, pendant plus d'un demi-siècle, le docteur Maure à la hauteur de sa mission et ont reçu ses soins. Il n'est pas de familles dans lesquelles il n'ait laissé, chez un grand nombre, le souvenir de son inépuisable charité, chez toutes, celui de sa bonté parfaite et de sa science éclairée. C'est qu'il avait pour le soutenir, pour l'aider, pour le grandir dans l'accomplissement de sa tâche, sa sainte compagne dont nous conduisons le cercueil à côté du sien à leur dernière demeure, et à laquelle il semble qu'il n'ait pas voulu survivre. Mme Maure, en effet, savait recruter des clients à son mari, et ces clients étaient des légions de pauvres!

Pour nous, qui avons suivi M. Maure dans la carrière médicale et dont il a guidé les premiers pas dans cette lutte difficile, et parfois ingrate, nous témoignons tous de son tact médical exquis, de sa sagacité rare dans l'étude des maladies, et dans la direction de leur traitement, de sa patience inaltérable, et de l'art avec lequel il savait prodiguer aux malades les consolations et les encouragements, qui étaient les puissants auxiliaires de ses prescriptions.

En ce qui nous concerne, nous avons apprécié, parce que, tous, nous l'avons éprouvée, la délicatesse de ses procédés confraternels, et nous n'oublierons jamais le soin affectueux qu'il mettait à nous aplanir les obstacles, et à nous signaler les écueils que sa grande expérience lui avait appris à connaître et à éviter.

Cher et vénéré Maître, au nom du corps médical auquel vous avez laissé de si beaux exemples à suivre, au nom de tous les malades que vous avez soulagés, au nom de tous les pauvres que vous avez secourus, nous venons vous dire le dernier adieu.

Nous avons la foi entière que vous recevez, en ce moment, auprès de Dieu, la récompense de toute une vie de bonnes œuvres.

DISCOURS DE M. CAVALIER,

PRÉSIDENT DU TRIBUNAL CIVIL, A GRASSE

Messieurs,

Il est des noms qui portent avec eux leur éloge. Le nom de M. Maure est de ceux-là.

Le prononcer, n'est-ce pas, en effet, rappeler les services sans nombre rendus à notre pays? N'est-ce pas aussi évoquer le souvenir d'une bonté sans bornes, d'une obligeance sans égale?

Plus que tout autre, messieurs, j'ai éprouvé les effets de cette bonté; c'est là l'excuse de ces paroles suprêmes, dont vous pardonnerez à ma reconnaissance et à mon affection d'offrir l'hommage à cette chère mémoire.

Je ne veux point vous parler de la vie publique de M. Maure; on vient de le faire, et avec quelle autorité! Cette phase de son existence s'est en partie accomplie au milieu des événements les plus graves. Plus d'un a péri dans ces tempêtes. Il les a traversées sans dommage. C'est que sa droiture inflexible le conduisait, comme un guide sûr, au milieu des écueils dont sa route était semée; c'est qu'il avait aussi pour le défendre, dans ces moments difficiles, cette force, cette puissance, qui se nomme le désintéressement.

S'il est quelqu'un, en effet, qui se soit dévoué
sans calcul, assurément il est celui-là. Jamais une
pensée personnelle n'altéra le noble et pur sentiment, auquel seul il obéissait : la passion du bien.
La vanité veut des clients ; l'intérêt veut des créatures ; il ne voulut ni clients ni créatures. Il fit le
bien pour le bien, pour la satisfaction qu'il en
éprouvait, pour la joie que lui causait tout service
rendu.

Cette joie a-t-elle toujours été sans mélange ?
N'a-t-il jamais vu ses intentions méconnues ? Ses
bienfaits ont-ils toujours été payés de la reconnaissance qui leur était due ? Qui oserait l'affirmer ! La reconnaissance, messieurs, comme ces
fleurs suaves qui ne croissent que sur les cimes
inaccessibles, ne se connaît guère que par ouï-
dire. Il le savait ; mais ce que nous savons aussi,
c'est que les mécomptes, s'il en a éprouvé, n'ont
point découragé cette généreuse nature.

En politique, M. Maure était essentiellement
libéral ; mais, par-dessus tout, il avait l'ardent
amour de son pays, et il déplorait les excès, de
quelque côté qu'ils vinssent. La liberté, selon le
mot d'un spirituel publiciste, est comme une place
publique : ce qui la constitue, c'est ce qui la limite.
M. Maure n'était pas éloigné de la concevoir de la
sorte, cette liberté, qu'il aimait cependant de
toutes les forces de son âme ; mais il avait vécu,

comme dit Fléchier « *cette plénitude de jours qui consomme la prudence de l'homme juste* », et il n'admettait point la liberté sans frein, qu'il avait vue trop souvent sombrer dans la licence.

Cette sagesse supérieure, qui l'amenait ainsi à se départir, dans une juste mesure, des théories absolues, était un des caractères dominants de cette organisation d'élite. C'est en montant, montant toujours, que l'esprit parvient à ces sommets, d'où il plane sur les hommes et les choses de son temps. Il s'était élevé à ces hauteurs sereines ; et s'il ne pouvait considérer sans une patriotique tristesse les luttes des partis et leurs compétitions à outrance, il les dominait du moins et les envisageait avec le calme du philosophe.

Que vous dire à présent du charme de ses relations ! Vous tous, qui avez été ses amis, vous avez goûté, comme moi, la finesse de cet esprit délicat, qui alliait, dans une si heureuse proportion, la malice à la plus exquise bonhomie. Il aimait à se rappeler ses auteurs classiques, ces vieux compagnons de son adolescence, et il semblait que de son commerce avec eux il eût retenu quelque chose de la saveur attique : il en avait le sel et le miel. Dans sa vieillesse même, qui ne fut jamais un déclin, il avait conservé l'aimable et bienveillante humeur, qui égayait ses entretiens familiers ; la lassitude de l'âge ne l'avait point approché ; son

intelligence est restée intacte, son imagination est
demeurée dans sa fraîcheur jusqu'à son dernier
souffle.

Et maintenant de cette excellence de cœur et
d'esprit, de cette loyauté à toute épreuve, de ces
qualités si rares, qui le paraient à son insu, que
reste-t-il ? Le souvenir et l'exemple pour nous qui
lui survivons. Mais est-ce tout ? Mais tout est-il fini,
quand la matière est retournée à la matière ? Il ne
le croyait point. Il disait et il pensait que la flamme
qui nous anime ne saurait s'éteindre, et qu'elle ne
disparaît à nos yeux que pour aller s'épurer et se
raviver au foyer divin. « Mourir n'est pas mourir, a
dit aussi le grand poète, non, mourir c'est changer. » Gardons, messieurs, ce consolant espoir,
seule atténuation possible à notre douleur. Oui,
qu'il repose en paix, l'homme de bien, à côté de la
sainte femme, qui fut la compagne de sa vie et qu'il
a suivie de si près dans la mort ; et disons à celui
qui est là maintenant et que nous entourions
encore, il y a quelques jours, de nos respects et
de notre vénération, à celui qui fut honoré des
plus illustres amitiés et qui avait su conquérir
aussi l'estime si précieuse des petits et des humbles : Ami, ami si cher et à jamais regretté, au
revoir !

DISCOURS DE M. BARTHÉLEMY SAINT-HILAIRE

Messieurs,

Devant ce coup terrible que la mort vient de frapper, devant ces deux cercueils et ces deux tombes encore ouvertes de M. le docteur Maure et de sa digne compagne ; après ce que vient de dire la municipalité de Saint-Césaire, après tout ce que vous ont exprimé en termes si vrais, si élevés, si délicats, M. le député de votre arrondissement, M. le secrétaire général représentant de M. le préfet et du gouvernement, M. le maire de Grasse, M. Vidal, médecin, confrère et ami de M. Maure, et M. Cavalier, président du tribunal civil de Grasse, il me serait bien difficile de rien ajouter ; et si je n'écoutais que la voix de la douleur que je ressens, je me tairais après de tels éloges, auxquels rien ne manque. Mais nous avons ici un double devoir à remplir ; il faut parler pour rendre aux morts l'honneur que nous leur devons, et en même temps, pour emprunter à leur vie des exemples utiles à nous tous qui les avons connus et qui pouvons les imiter.

M. le docteur Maure fut un homme de bien, dans toute la force de ce mot ; car on ne doit pas s'y tromper : c'est déjà beaucoup d'être honnête durant une longue et laborieuse carrière ; mais l'homme de bien est encore au-dessus de l'honnête homme. L'homme de bien est celui qui avant tout recherche et fait le bien des autres, sans s'occuper de son bien propre. L'honnêteté la plus pure peut s'allier avec l'égoïsme ; au contraire, l'amour du bien suppose le désintéressement le plus sincère et le plus absolu. Le bien d'autrui, le bien général doit être la vertu dominante des hommes publics, puisqu'ils ne doivent d'abord songer qu'à l'intérêt de leurs compatriotes, et non à leur intérêt particulier.

A ce titre, M. le docteur Maure fut homme de bien au plus haut degré, et c'est là ce qui en fit un homme politique éminent. C'est dans la noble et pénible profession de médecin, dont on vous parlait tout à l'heure, qu'en soulageant les maux de l'humanité, son cœur se forma à la bienveillance et au dévouement. Quand il entra dans nos assemblées délibérantes, il avait déjà contracté la pratique de ces mâles vertus qu'on acquiert en combattant le mal, et en essayant de le guérir et de le vaincre sous les formes variées où il se produit. Libéral et conservateur, tant qu'il fut membre de nos libres parlements, sous la monarchie de juillet, sous la seconde et la troisième République, il essaya patriotiquement de concilier les deux principes essentiels de la liberté et de l'ordre ; et il fit de cet accord indispensable la règle de sa vie publique, sans jamais s'en écarter un instant, ni devant les violences du pouvoir, ni devant les aveuglements des partis, pas plus qu'il n'était capable de s'en écarter sous les suggestions de l'ambition et de la vanité.

Le plus sûr effet de ce sincère amour du bien, c'est d'inspirer la confiance à tout le monde, et c'est la confiance qui est la vraie et solide base de toute autorité, que cette autorité soit simplement morale ou qu'elle soit politique. Aussi, d'autres, investis comme M. Maure des fonctions de mandataires du peuple, ont pu jouir d'une influence plus étendue, mais nul n'en a joui d'une plus méritée ni plus efficace, dans les limites où s'exerçait la sienne.

C'est de l'amour du bien qu'on peut dire avec toute raison et en toute justice : « Attachez-vous-y de tout votre cœur et le reste vous sera donné par surcroît. » La vie tout entière de M. Maure est là pour attester la vérité de cette grande maxime. Il n'a jamais rien demandé pour lui-même aux différents pouvoirs qui se sont succédé depuis cinquante ans dans notre pays ; en leur demandant toujours pour les autres, il a obtenu de tous successivement des choses considérables. Le nombre de ces choses serait grand, si je voulais les citer une à une. Je n'en rappellerai que deux ou trois que vous tous, habitants de ces montagnes, vous connaissez mieux que moi : le canal de la Siagne, qui a dix lieues de parcours et qui fournit de l'eau à la commune de Saint-Césaire, à une hauteur où il semblait que l'eau du torrent ne pourrait jamais monter ; le chemin de fer de Cannes à Grasse, qui relie les contrées environnantes et une cité industrieuse entre toutes, au réseau de la France ; enfin les routes dont vos rochers sont sillonnés, grâce à lui. J'ai été le témoin et le confident de toutes ses démarches d'alors, et je sais aussi tous les efforts qu'elles lui ont coûtés. Le docteur Maure ne s'est jamais rallié à l'Empire, coupable à ses yeux comme aux nôtres d'un attentat contre les droits de la nation; et cependant c'est de l'Empire qu'il a obtenu toutes ces notables améliorations, sans parler d'une foule d'autres sous des régimes différents. C'est que le bien, quand il est patroné et défendu par des hommes d'un tel caractère, force le respect et l'acquiescement de ceux-là même qui le violent à tant d'autres égards; quelque corrompus que soient les cœurs, ils ne peuvent longtemps rester inaccessibles à l'idée du bien, soutenu avec la persévérance et l'énergie nécessaires, et avec ce bon sens presque invincible qui distinguait notre regrettable ami.

On sentait en lui cette vertu intérieure, cachée sous les dehors les plus modestes et tout à la fois les plus aimables et les plus assurés. C'est là ce qui lui a conquis ces amitiés durables et profondes parmi lesquelles on a bien voulu compter la mienne, dont quelques-unes sont les plus illustres de notre temps, notamment celle de M. Dufaure et celle du grand M. Thiers, le premier président de notre République et son plus puissant fondateur. C'est là ce qui explique encore comment les honneurs de toute sorte, à commencer par le suffrage répété de ses concitoyens, sont venus chercher M. le docteur Maure, sans qu'il les ait jamais ambitionnés, non pas qu'il eût cet orgueil en sens inverse de les dédaigner ; mais parce que ce n'était pas eux qu'il cherchait, et que ce sont les divers gouvernements qui crurent se devoir à eux-mêmes de montrer la haute estime qu'ils faisaient des sollicitations d'un tel personnage.

Voilà, messieurs, ce qu'a été l'homme de bien. En politique, il aurait fallu être aveugle pour fermer les yeux à un si réel mérite. Aussi dès que je rencontrai M. le docteur Maure dans l'Assemblée nationale de 1849, je me liai avec lui, charmé de son esprit, de son bon sens, et de sa bienveillance. Il y a de cela plus de trente ans ; et notre amitié, assise sur de tels fondements, n'a fait que s'accroître avec les années. Parmi les amis de mon âge mûr qui m'ont accordé leur affection, je n'en ai pas compté un plus tendre, un plus aimant. C'est que ses relations

privées avaient autant de charme que ses principes politique avaient d'inébranlable fermeté. Je ne
parle ici que de son commerce intellectuel, puisque je n'ai jamais eu l'occasion de recourir à des
services d'aucun genre, qui ne m'auraient certes
pas manqué, si j'en avais eu le moindre besoin.
Mais je ne saurais dire tout le plaisir que je res-
sentais à ses entretiens si sensés et si sérieusement
gais, à cet esprit si prompt et si fin, à cette malice
mêlée de bonhomie, comme l'a si bien définie
M. le président du tribunal civil, à ces traits
piquants et inattendus, qui d'un mot tranchaient
parfois une question ou peignaient tout un caractère. Mais j'ai hâte de le dire : ces traits lancés
d'une main adroite et légère, n'ont jamais blessé
qui que ce soit. Si M. Maure a eu des adversaires,
il n'a point eu d'ennemis, parce qu'il n'était lui-
même l'ennemi de personne, et que cet enjouement, si bienveillant au fond, désarmait les plus
hostiles. S'il est des gens qui l'ont méconnu et qui
l'ont payé d'ingratitude, ils n'ont fait que se pré-
parer à eux-mêmes des regrets trop justifiés et
d'amères déceptions. En littérature, le sentiment
du bien donnait aussi à M. Maure le sentiment du
beau ; il admirait passionnément nos classiques du
xviie et du xviiie siècle ; et la veille même de sa mort,
il me récitait, en nous promenant, des vers exquis,
dont sa mémoire, toujours sûre, était ornée et ravie.

Notre ami en effet a eu le bonheur de mourir tout entier, sans avoir subi aucune décadence de ses facultés, passant de la vie à la mort en un instant, que les personnes présentes à son chevet ont à peine saisi, et qui nous l'a enlevé aussi calme et aussi serein que nous l'avions toujours vu.

Tout ce que mon cœur me dicte ici, avec une émotion dont je suis malaisément le maître, vous tous, chers concitoyens qui m'écoutez, vous avez pu le voir et l'apprécier mieux que moi. Depuis plus d'un demi-siècle, il en est bien peu parmi vous, à quelque opinion que vous apparteniez, à quelque rang social que vous soyez placés, quelqu'âge que vous ayez, vieux ou jeunes, qui n'ayez reçu de lui un appui, un conseil, un service, dès que vous le lui avez demandé, ou que même il vous donnait spontanément en prenant l'initiative d'un bienfait opportun. Son temps, son intelligence, sa personne, sa bourse, vous ont été consacrées, selon l'exemple qu'il avait reçu de ses pères ; et l'on ne peut que plaindre les cœurs égarés qui oublieraient une générosité de famille si prolongée et si féconde.

Mais toute cette louange, mes chers concitoyens, ne concerne que l'honneur de la vie de M. Maure, c'est-à-dire le passé, puisque sa vie est éteinte. Ce passé est certainement bien honorable ; mais notre ami peut encore nous servir malgré la mort. Son exemple nous laisse après lui un enseignement, qu'il ne tient qu'à nous de comprendre; et l'imitation peut être aussi une forme du respect et de l'estime. On ne flatte pas les morts en les imitant; et c'est là un hommage qui profite surtout à ceux qui le rendent. L'amour du bien qui éclairait M. Maure, qui l'a fortifié, qui l'a grandi dans toutes les situations et dans les épreuves les plus rudes, est à la portée de tout le monde, depuis les plus grands jusqu'aux plus humbles. Chacun de nous peut le pratiquer, dans la mesure des qualités que Dieu a bien voulu lui répartir au moment de la naissance. Politiquement et par le suffrage universel, que nous devons à la République, nous sommes tous égaux, et c'est là un merveilleux progrès d'équité sociale qu'il ne nous est pas permis de jamais oublier; mais c'est moralement que nous sommes égaux d'une égalité encore bien plus réelle. Dans la pratique du bien, il n'y a plus les distinctions inévitables de richesse et de pauvreté. C'est le seul rapport où le plus parfait niveau règne entre nous, ignorants ou savants, pauvres ou riches, nous sommes tous également soumis à la loi morale, que l'homme n'a pas faite et que la raison la plus libre doit faire remonter jusqu'à Dieu, c'est-à-dire jusqu'à l'intelligence infinie, créatrice et maîtresse vigilante de l'univers.

C'est à cette source suprême, sachons-le, que s'inspire l'amour du bien; c'est de là qu'il dérive de degré en degré jusqu'au cœur de l'homme, pour l'enflammer d'une ardeur que rien ne décourage ni n'abat. C'est de là que nous recevons la force, la patience et le désintéressement pendant cette vie passagère, en attendant l'autre vie, qui doit être éternelle, quelle qu'elle puisse être. Comme on le rappelait tout à l'heure dans de fortes paroles, prononcées avant celles-ci, c'étaient là les croyances de M. le docteur Maure; et bien des fois, nos conversations ont porté sur ces graves sujets, où nos raisons se confondaient si heureusement en tentant de sonder ces mystérieux abîmes.

Mes chers concitoyens, que ses croyances soient aussi les vôtres; formez-les en votre âme par le spectacle bien compris des choses humaines et de la nature, dans la pleine liberté de votre conscience, selon les lumières de votre raison; fréquemment et sincèrement consultée, dans les jours de prospérité aussi bien que dans les jours de tristesse, dans la conduite de la vie quotidienne et au moment de la dernière heure. Ces croyances-là sont les vraies, sous quelque forme qu'elles soient acquises; et malgré les objections impuissantes que parfois on leur oppose, recherchez-les avec une intention droite; et vous les trouverez, comme le docteur Maure les avait trouvées lui-même.

Tel est le suprême enseignement que nous devons tirer de l'exemple de ces deux personnes que nous conduisons à cette funèbre demeure, au milieu de ce concours sympathique, qui nous montre bien tout ce que nous perdons : en l'une, une sainte femme, comme on l'a si bien nommée ; et dans l'autre, un homme politique vraiment digne de ce nom.

Mon cher Maure, en vous adressant ce solennel adieu, je dois vous remercier et vous féliciter, votre modestie dût-elle en souffrir, de la leçon austère que votre vie nous offre. Parmi nos contemporains les plus sages, il en est bien peu qui puissent nous en donner une aussi pratique et aussi salutaire.

Mon cher Maure, au revoir !

(Extrait du *Journal du Commerce* de Grasse).

Nous sommes prié de prêter notre publicité au document suivant qui émane du Cercle du Château, de Saint-Césaire, dont les membres, à l'unanimité, ont tenu à payer un dernier hommage de regret et de respectueuse sympathie à la mémoire de M. et de Mme Maure.

A L'HONORABLE DOCTEUR MAURE,

Le Cercle du Château, reconnaissant.

Il est juste de payer un tribut d'éloges et un tribut de douleur à l'homme éminent qui vient de s'éteindre parmi nous, et d'exprimer toute l'amertume que nous éprouvons de la perte cruelle et irréparable que nous venons de faire en lui.

Oui, mes amis, notre commune est en deuil de celui qui la protégeait et qui l'aimait tant, de celui qui n'avait jamais cessé de la combler de toutes les faveurs, de celui enfin, en qui chaque habitant trouvait un protecteur, un malheureux trouvait un secours, un infortuné un soulagement, et dont la bonté ne s'est jamais arrêtée ni démentie un instant. Et nous n'élèverions pas la voix pour rendre hommage à tant de bienfaits! Oh! non, laissons d'autres plus expérimentés faire l'éloge de son illustre carrière. Mais nous qui avons été les fidèles témoins de toutes les qualités de son cœur, rendons-lui un dernier hommage et en lui témoignant notre reconnaissance, exprimons le regret que nous éprouvons de sa perte.

Et vous, épouse fidèle, qui avez partagé pendant soixante ans l'existence de votre cher époux, qui avez été son bon ange gardien, qui l'avez suivi dans tous ses voyages, non pas en personne mais en l'accompagnant de vos prières, en répandant autour de vous et de son nom tous les bienfaits que votre belle âme inspirait pour sa personne, en soulageant les malheureux, en consolant les affligés, en apportant dans les plus humbles chaumières les secours et les consolations ; vous n'avez pas voulu laisser en arrière cet époux chéri, vous l'avez appelé à vous dans le séjour céleste, afin qu'il jouisse comme vous de la récompense que Dieu réserve à ses élus.

Et Dieu, le Dieu juste vous a ouvert les portes de son Paradis, en vous marquant la place auprès de lui pour votre éternité !

Adieu, belles âmes, adieu !

Et vous, honorables habitants de la ville de Grasse, qui avez apprécié ses nobles qualités et ses mérites, le Cercle du Château, en particulier, et généralement tous les habitants de notre commune, vous remercient des derniers honneurs que vous êtes venus rendre à ces deux illustres morts.

Pour les membres du Cercle, merci !

Saint-Césaire, le 3 septembre 1880.

MÉMOIRE

DE M. LE DOCTEUR MAURE

SUR LA QUESTION DES SÉSAMES

1844

MÉMOIRE

SUR LA QUESTION DES SÉSAMES

> Le département du Var contient
> plus de 60,000 hectares d'oliviers.

La Commission marseillaise avait chargé un de ses membres, M. E. Estrangin, ancien juge au tribunal de commerce, de recueillir tous les faits et tous les documents capables de soutenir la cause qu'elle avait à défendre, savoir : l'importation du sésame avec diminution des droits d'entrée.

Le rapport que M. Estrangin fit à ce sujet, parut à la Commission si bien remplir son but et répondre si exactement à sa pensée, que non seulement elle en adopta les conclusions, mais qu'elle décida que M. Estrangin serait adjoint aux membres délégués à Paris pour soutenir l'importation du sésame. Cette circonstance donne au rapport de M. Estrangin une très grande valeur ; et, puisqu'il contient les documents sur lesquels s'appuient les délégués, et la substance des arguments qu'ils font valoir (ainsi que le prouve le discours prononcé, le 19 de ce mois, par M. de Barthélemy, à la Chambre des pairs, et basé sur le rapport de M. Estrangin, dont il reproduit presque textuellement les raisons), il importe d'examiner ces documents et la manière dont l'auteur s'en est servi pour construire ses arguments.

Historique. — Le premier point abordé par l'auteur du rapport est ce qu'il appelle l'*historique de la question*. Il réduit cet historique *à exposer qu'il y a dix ans le commerce des graines oléagineuses exotiques était déjà important dans le nord de la France et presque inconnu à Marseille, et que, depuis 1838 seulement, ce genre de commerce s'est de plus en plus développé dans le midi par le port de Marseille.* Il faut d'abord remarquer que, pour prouver cette assertion, l'auteur cite l'année 1832, où l'importation par Marseille n'a été que du cinq pour cent et l'année 1836, où elle a été du sept pour cent ; mais il ne cite pas les années 1834 et 1835, où l'importation par Marseille a été trois fois plus considérable. Cette première inexactitude dévoile la pensée de l'auteur, et le système qu'il prétend faire prévaloir. Cette pensée est que le développement de l'importation par Marseille a ému les importateurs et les industriels du nord, et que toute la question se réduit à une question de rivalité d'industrie, à laquelle est étrangère l'agriculture du nord et du midi de la France. C'est là le système de moyens que veut faire prévaloir l'auteur ; et c'est pour mieux faire ressortir ce développement de l'importation marseillaise, qu'il omet de citer les années où l'importation était déjà très considérable. C'est pour cela qu'il réunit la question de toutes les graines oléagineuses à la question du sésame, et confond à dessein ce qu'il faut séparer avec soin. C'est pour cela qu'au second point qu'il aborde et où il pose les questions à débattre, il dénature la véritable question en la posant de la manière suivante :

Questions. — « La participation du midi à un commerce que le nord possédait exclusivement, est-elle un bienfait qui a ouvert à la France de nouvelles sources de travail et de richesses?

« Ou, est-elle un mal qu'il faut se hâter de détruire par un changement de tarif? »

Ainsi posée et ainsi généralisée, la question ne pourrait manquer d'être résolue dans le sens que désire l'auteur; mais, ainsi posée, la question est dénaturée et faussée. Il importe donc de la rétablir :

1° En faisant disparaître l'idée d'une lutte entre deux industries, où ne seraient pas intéressés l'agriculture et le commerce français, et en la remplaçant par cette idée : *L'introduction d'un produit étranger soumis à un droit que rend nul sa minimité, comparée à la valeur de ce produit, est-elle de nature à porter un coup funeste à l'agriculture oléicole et au commerce français?*

2° En séparant avec soin le sésame des autres produits étrangers oléagineux, parce que les autres produits, olives, ou lin, ou autres, sont en général imposés *d'après leur rendement en huile* et leur valeur commerciale, et qu'en conséquence ils ne peuvent pas causer à la culture nationale et au commerce national des similaires le même préjudice que la graine égyptienne.

Ainsi posée, comme elle doit l'être, la question perd le caractère de mesquine rivalité qu'on voulait lui donner, et se réduit à une question de justice, à une question de *répartition proportionnelle d'impôt*, soit par rapport aux autres produits oléagineux étrangers, soit par rapport aux produits du sol national. La véritable question à examiner et à débattre est donc celle-ci :

1° Est-il juste d'imposer à leur entrée les autres produits étrangers, selon leur rendement en huile et leur valeur commerciale, d'imposer aussi les terrains oléicoles d'après la valeur de leurs produits oléagineux, tandis qu'on laissera le sésame entrer avec un droit si faible que la valeur de cette graine le rend illusoire et nul?

2° Une semblable disproportion, si on la laisse exister, sera-t-elle funeste au commerce national et à l'agriculture nationale?

Après avoir ainsi rétabli la véritable question, nous allons aborder, l'un après l'autre, tous les points qu'aborde l'auteur, tous les documents qu'il fournit, afin de montrer qu'en les examinant sincèrement et sous leur véritable point de vue, on aboutit à des conclusions diamétralement opposées aux siennes.

Commerce. — Examinant d'abord la question de commerce, l'auteur démontre avec facilité que l'introduction du sésame, avec un minime droit d'entrée, a été très-fructueuse pour ceux qui, à Marseille, se sont livrés à ce genre de commerce, soit en introduisant frauduleuse-ment l'huile de sésame dans l'huile d'olive, soit en l'introduisant non moins frauduleusement dans la fabrique des savons portant l'étiquette de savons à l'huile d'olive. Mais c'est là un fait dont personne ne doute; chacun sait, au contraire, que quiconque profite et profitera d'une disproportion de tarif et de la fraude qu'elle peut favoriser, réalise et réalisera d'immenses bénéfices, et cela au détriment de ceux qui cultiveront les produits similaires ou en feront le commerce. Mais aussi, ce que l'on demande, c'est qu'une proportion plus juste sur les droits d'entrée s'oppose à ces bénéfices illicites et rétablisse l'équilibre rompu. Nous remarquerons, en passant, que l'auteur, en parlant

du développement de l'importation du sésame,
dit que le progrès s'en est arrêté en 1842
(page 14). Cela est inexact ; et mieux qu'un
autre, l'auteur du rapport devait savoir qu'il
résulte des documents fournis par la douane et
cités à la Chambre des députés dans les séances
des 13 juin et 6 juillet derniers, que l'importation du sésame, pendant les cinq premiers mois
seulement de 1843, avait dépassé toute l'importation de 1842 [1]. Mais, comme l'auteur prétend établir plus tard que l'importation du sésame, même avec un droit plus faible que le droit
existant, ira toujours en diminuant, il lui im-
portait d'établir que le progrès s'était déjà arrêté.
Malheureusement pour lui, les faits sont là.

Marine. — Passant à la question de la marine,
l'auteur du rapport établit, en débutant, que le
premier bénéfice est, pour la marine, le bénéfice

---

1. Depuis que ce mémoire a été écrit (26 février 1844), de
nouveaux documents ont été fournis à la Chambre des députés,
le 20 juillet 1844, par M. Boulay, député du Var. De ces documents il résulte, qu'en 1842 l'exportation des sésames s'est
élevée à 124,084 quintaux métriques, en 1843 à 180,418 quintaux
métriques, et pour les six premiers mois de 1844 seulement à
172,744 quintaux métriques. On voit ainsi que, loin de s'ar-
rêter, l'importation va croissant d'une manière effrayante.

du fret. Mais il généralise toujours la question et confond toujours le sésame avec les autres graines. En le séparant, on trouve ce résultat, qu'en 1843, sur près de 18 millions de kilogrammes de cette graine importée à Marseille, 12,500,000 kilogrammes sont venus sous pavillon étranger, et *cinq millions* seulement sous pavillon français. Le premier bénéfice a donc été pour la marine étrangère et non pour la marine française. D'un autre côté, la marine française a souffert de l'importation de cette graine; car, la seule ville de Dunkerque, qui employait, chaque année, environ *cent navires* français à expédier 100,000 hectolitres d'huile à Marseille, sous pavillon national, n'en a plus expédié que 20,000 en 1842, et *moins de deux mille* en 1843. Un tel état de choses démontre-t-il que l'introduction du sésame, favorisée par la disproportion de son tarif, est profitable au commerce et à la marine française, ou seulement aux fraudeurs marseillais et à la marine étrangère? Faut-il s'étonner, après cela, qu'on pense que les véritables intérêts qu'a à défendre la Commission de Marseille, se trouvent moins à Marseille qu'en Égypte? C'est notre marine qui souffre, c'est notre agriculture qui souffre, et c'est l'agriculture et la marine étrangères qui s'enrichissent et profitent de la disproportion de nos tarifs. Ainsi se trouvent démontrés ces deux premiers points, savoir : que cette disproportion est fatale à notre marine et à notre commerce.

Il est vrai que l'auteur du rapport reconnaît lui-même (pages 17 et 18), que le pavillon étranger importe plus que le pavillon national, et qu'il propose, pour assurer au pavillon français une plus large part dans le travail et les bénéfices de l'importation, une augmentation sur le droit différentiel en faveur du pavillon français. Mais, comme dans ses conclusions, il propose de réduire à 1 fr. 50 cent. le droit par navire français, et à 3 fr. par navire étranger, il suit de là que, le droit actuel n'étant pas élevé pour le pavillon étranger, ce pavillon trouverait toujours les mêmes avantages à l'importation. Le sésame arriverait en plus grande quantité sous tous les pavillons, l'agriculture étrangère en profiterait, et la culture française en souffrirait de plus en plus. En vérité et encore une fois, n'est-ce pas là sacrifier les intérêts de la France et satisfaire ceux de l'étranger ?

Industrie. — Passant à un autre point, à l'industrie de la trituration, l'auteur du rapport nous apprend « qu'en 1840, dix-huit usines seulement étaient en mouvement à Marseille, et qu'il y en a aujourd'hui *quarante*, dont l'installation a coûté *plus de six millions;* » puis il fait de cette industrie et de ces usines un tableau pompeux. « Ce ne sont plus, dit-il, de pauvres et faibles moulins; ce sont de vastes et beaux établissements, mus la plupart par la vapeur, munis de presses hydrauliques... qui répandent l'activité dans tout ce qui les environne, et font vivre près de mille ouvriers. »

Ajoutons de suite à cela une considération qui a frappé M. le pair de France marquis de Barthélemy, dans son discours sur ce sujet, le 19 de ce mois, savoir : « que ces quarante usines forment aux portes de Toulon des mécaniciens habiles, qu'en temps de guerre on pourrait employer dans l'arsenal méditerranéen ou sur les bateaux à vapeur. »

En vérité, est-ce une dérision que tout ce qui précède, ou bien est-ce un rapport sérieux que celui de M. Estrangin? Est-ce un discours sérieux que celui du noble pair? *Mille* ouvriers, *quarante* usines! Eh bien! ces usines continueraient de fonctionner, lors même que le sésame serait *proportionnellement* imposé. L'écoulement serait peut-être moindre; mais cette industrie et ce commerce s'appuieraient sur des bases plus fixes; pouvant comparer pour longtemps leurs opérations avec le prix des autres produits. Si on gagnait moins, on gagnerait plus régulièrement, et sans avoir à craindre ces ruines subites qui menacent sans cesse les spéculations hasardeuses. A moins, toutefois, que le sésame étant une question toute égyptienne, qui a déjà son administration, son budget, ses agents, le pacha d'Égypte ne fasse du sésame, comme il a fait du coton, un monopole, et qu'alors qu'il serait rassuré sur la minimité du droit d'entrée, il n'achète et ne fasse exploiter ces *quarante* usines, et qu'alors industrie et agriculture, tout ne soit égyptien.

D'un autre côté, que le noble pair se rassure.

Les mécaniciens ne se formeraient pas moins, si le sésame était un peu plus imposé; d'ailleurs, ils existent déjà dans les usines du nord. Pour être employés à Toulon, ils n'ont pas besoin d'être acclimatés par un séjour à Marseille; les lois de la vapeur ne sont pas sujettes à des changements de latitude, comme celles de l'agriculture. Quand viendra la guerre, si jamais elle vient, on tirera les mécaniciens de partout où ils seront, et il n'est pas nécessaire de ruiner l'agriculture du nord et du midi, pour épargner cent ou deux cents lieues de route à un mécanicien.

Mille ouvriers, *quarante* usines et *six millions* de capitaux ! Et c'est là ce que vous voulez sauver à tout prix ? Lorsque, par suite de l'envahissement du sésame, les moulins sans nombre qui couvrent les départements du nord sont en chômage [1], lorsque plus de 300 sont à vendre sans qu'on en trouve rien ? Et pourtant, il y a là aussi pour plusieurs millions de valeurs enfouies [2], lorsque, dans la ville de Grasse seule-

1. Discours de M. Ferrier à la Chambre des pairs, 19 février 1844.
2. Depuis cette époque, un excellent mémoire a été publié

ment, 100 moulins représentant une valeur de 2 millions, et cent autres répartis dans l'arrondissement et représentant la même valeur, devront aussi se trouver en chômage. Là aussi il y a des ouvriers; chaque moulin en emploie cinq, ce qui fait 1,000 pour ce seul arrondissement. Là aussi ces moulins répandent l'activité autour d'eux; car ils consomment pour leur service 400 kilogrammes de bois par jour, ce qui donne un écoulement à nos pauvres forêts de pins et de chênes blancs; car chaque moulin emploie 4 mulets, en tout 800, qui fournissent un débouché aux foins de notre région montagneuse subalpine. Ainsi, à lui seul, l'arrondissement de Grasse balance ces quarante usines que vous faites sonner si haut. Et ces quarante usines, sur quoi travaillent-

par MM. G... et R... de Marseille. On trouve à la page 17 le précieux renseignement qui suit : — « On remarque sur un état dressé à la préfecture du Nord, que les usines employées à la fabrication des huiles dans le seul département du Nord, s'élevaient, en 1838 à 569, dont la production était de 331,000 hectolitres d'huile, et qu'en 1843 le nombre des fabriques est réduit à 511 et le produit à 286,000 hectolitres. Ainsi, pendant que les usines diminuent, en cinq ans, de 10 1/2 pour 100, la quantié d'huile produite en 1843 est inférieure de près de 14 pour 100 à celle de 1838. »

elles? Sur un produit étranger. Et lorsque ce produit toujours croissant subviendra à notre consommation, continuera-t-on à cultiver les plantes oléagineuses dans le nord, et l'olivier dans le midi de la France? Or, il y a une différence immense entre travailler sur une matière venant du dehors, ou bien sur une matière que produisent le sol français, les bras français; c'est la différence de la pauvreté à la richesse dans tout pays agricole, et en France plus qu'ailleurs! Et néanmoins c'est à ces *quarante* usines qui appellent les produits de l'étranger, que vous voulez sacrifier toutes les pauvres familles et tous les propriétaires du nord, qui vivent de la culture et de la trituration des graines oléagineuses nationales, et tous les pauvres cultivateurs du midi qui n'ont que la culture de l'olivier pour ressource! Encore une fois, est-ce là faire les affaires du pays? L'honorable négociant d'Aix qui a écrit qu'il fallait aller chercher en Égypte les véritables intéressés, a-t-il donc entièrement raison? Que le tarif reste tel qu'il est, l'agriculture égyptienne prospérera, quarante fabriques fonctionneront à Marseille, mille ouvriers seront employés, et *six millions* de capitaux profiteront ; mais, à côté de ce beau résultat, cette industrie répandra la désolation et la ruine dans l'agriculture française.

Tourteaux. — Mais non, et s'il faut en croire l'auteur du rapport, cette industrie répandra autour d'elle la fécondité et la vie ; les tourteaux feront de la Provence une nouvelle terre promise. C'est là le point à examiner maintenant ; d'autant que c'est celui que l'auteur traite, après les avantages de l'industrie de la trituration.

« L'emploi des tourteaux, nous dit l'auteur du rapport, est le résultat le plus précieux de l'importation des graines oléagineuses dans le midi de la France. »

Il importe donc d'examiner, avec la plus grande attention, ce résultat précieux, cette source de richesses pour l'agriculture méridionale. Remarquons bien qu'il s'agit de l'agriculture de Provence, et non de l'agriculture du nord. En effet, il y a cette immense différence entre ces deux agricultures que, dans le nord, si la culture des plantes oléagineuses vient à ces-

ser par suite de l'introduction des graines oléagineuses étrangères, le sol est propre aux autres
cultures, et les tourteaux provenant des graines
étrangères le fertiliseront et augmenteront ses
cultures en céréales, en fourrages, en racines,
etc.... Ainsi, jusqu'à un certain point, les assertions de l'auteur pourraient être applicables et
vraies pour l'agriculture du nord; mais quoique
les expériences, sur lesquelles il se fonde, aient
été faites dans une ferme-modèle d'un département méridional, ses assertions demeurent sans
valeur pour l'agriculture de la plus grande partie de la Provence. En effet, le sol des départements de la Provence, et surtout celui de la
région oléicole, c'est-à-dire de la région la plus
productive de ce pays si sec et si peu productif,
est un sol maigre et aride, auquel, selon les
expressions de l'auteur lui-même, « le ciel refuse la pluie pendant tout l'été, où les moyens
d'arrosage sont difficiles et coûteux, et impra-
ticables même dans la plupart des localités
(page 20). » De là, je cite toujours les paroles
de l'auteur : « Impossibilité de cultiver les plantes fourragères, peu de paille, peu de fourrage,

peu de bestiaux (page 20). » En d'autres termes,
et pour nommer les choses par leur nom, impossibilité de se livrer à une autre culture qu'à celle
de l'olivier. Car, dans nos campagnes brûlées,
sur nos terrains rocailleux, en pente rapide ou
soutenus par des murailles, l'olivier est le seul
végétal qui puisse être cultivé et qui s'accom-
mode d'aussi tristes conditions. Si donc l'introduction des graines de sésame augmente par
suite de la minimité du tarif, si elle annule les
seuls produits que puisse nous donner notre
sol, quelle culture nous reste-t-il? et quel besoin
avons-nous de tourteaux de sésame, pour en-
graisser des rochers et des murailles qui ne
soutiennent plus rien? « Il n'y a pas, » comme
l'a dit le savant et profond rapporteur du Conseil général des Bouches-du-Rhône, « il n'y a
pas de pire engrais que celui qui tue la plante
dont il était destiné à devenir l'appui; et n'y
a-t-il pas quelque chose de bizarre à proposer
un moyen d'alimentation pour l'arbre qu'on a
déjà tué? » Mais comme M. le rapporteur de la
Commission a reproché (page 40) à M. le rapporteur du Conseil général de s'être débarrassé,

par cette phrase spirituelle, de l'examen des
avantages que les tourteaux rendent à l'agriculture du midi, nous allons essayer d'examiner
ces avantages. Rappelons-nous toujours bien
qu'il s'agit de l'agriculture du midi, et, dans
l'agriculture du midi, de l'agriculture oléicole ;
car c'est, dans le midi comme dans le nord, la
seule qui se plaigne de l'importation du sésame,
c'est-à-dire d'un produit similaire trop faible-
ment imposé. Il semble, dès lors, que les bénéfices cités devaient être relatifs à la culture de
l'olivier ; eh bien ! il n'en est rien. On cite le
tourteau comme engrais employé et essayé
pour le blé (page 23), pour le sainfoin (page 24),
mais jamais un mot sur l'olivier. Il y a plus
(page 25), l'auteur nous dit avec naïveté : « Ne
conçoit-on pas tous les avantages qu'on en reti-
rerait, si on l'employait à fumer les oliviers, les
vignes, les chardons, les garances, les mûriers ? »
Eh quoi ! on ne l'a essayé ni sur les mûriers, ni
sur les garances, ni sur les chardons, ni sur les
vignes, ni sur les oliviers, et l'on assure qu'il
procure d'immenses avantages à l'agriculture
méridionale. Mais quels sont donc les produits

méridionaux? Le blé peut-être et le sainfoin, sur nos rochers et nos murailles; mais c'est là une amère dérision, et cette seule considération suffirait pour ôter toute valeur aux chiffres que cite pompeusement l'auteur du rapport, si une autre considération ne venait encore se joindre à celle-là. Les chiffres exprimant les bénéfices de l'emploi des tourteaux, d'où viennent-ils à M. le rapporteur? Tout lui vient à ce sujet, non de calculs appuyés sur l'emploi des tourteaux par des propriétaires cultivateurs, mais de calculs établis sur des expériences faites dans une ferme-modèle, et sur les indications tirées de ces expériences [1].

1. J'emprunterai encore une citation à l'excellent mémoire de MM. G... et R... de Marseille : — « Pour établir que l'agriculture du midi a consommé tous les tourteaux non exportés à l'étranger, on croira peut-être qu'il va s'appuyer sur des statistiques plus ou moins exactes, ou sur les déclarations de quelques cultivateurs pratiques de nos six départements les plus méridionaux, l'Aude, l'Hérault, le Gard, Vaucluse, les Bouches-du-Rhône et le Var. M. Estrangin ne va pas si loin ; c'est dans les expériences faites à la ferme-modèle des Bouches-du-Rhône, sur quelques parcelles de terrain, qu'il trouvera la preuve, et du nombre d'hectares que 14 millions de tourteaux fertilisent, et de la quantité de tourteaux qu'il faut à chaque hectare ; écoutons-le :

« *Les tourteaux exportés étant des tourteaux de lin, la quantité restée en France a dû se composer de 6,561,000 kilo-*

Nous sommes loin de vouloir critiquer l'institution des fermes-modèles, quoique en général on puisse dire que ce système, tant prôné par les hommes qui réduisent l'agriculture à une théorie unique, absolue, dont tous les principes

grammes de sésame, de 7,703,000 *kilogrammes de lin.* » On oublie que ce dernier chiffre comprend, pour 1842, 3,690,000 kilogrammes de tourteaux provenant d'autres graines, ou pour 1843, 2,905,840 kilogrammes ; mais ni M. le directeur de la ferme-modèle, ni M. Estrangin ne pensent à cela.

« Néanmoins, après avoir indiqué (on vient de voir avec quelle exactitude !) les quantités de chaque espèce de tourteaux qui restent à Marseille, on consulte le rapport de M. le directeur de la ferme-modèle, et, comme on y lit que dans les expériences faites on a employé 1,000 kilogrammes de tourteaux de sésame par hectare et 500 kilogrammes de lin, on en conclut que, *par l'établissement des huileries du midi, l'agriculture méridionale s'est enrichie d'un engrais qui féconde* 22,000 *hectares,* dont 6,561 hectares à 1,000 kilogrammes de tourteaux de sésame et 15,406 hectares à 500 kilogrammes de tourteaux de lin.

« Devant de pareilles preuves, il n'y a plus qu'à s'incliner. Ce n'est pas tout ; après avoir établi la quantité *exacte* de tourteaux employés *par l'agriculture du midi,* et le nombre d'hectares qu'elle fertilise, on a voulu calculer le bénéfice que le *midi* a retiré de l'emploi *de ce précieux engrais.*

« Beaucoup de gens vont penser que ce calcul a dû occasionner un grand travail ; qu'il a fallu demander beaucoup de renseignements, se livrer à de nombreuses recherches : pas du tout. Quand on a sous la main les *Annales provençales,* tout devient facile. On a donc consulté de nouveau cet intéressant recueil, et on y a lu :

« *Que sur un sol* de même nature. *également préparé, divisé* n'ont plus qu'à rayonner sur toute l'étendue du sol français, a toujours été loin de répondre à des espérances trop facilement conçues. Mais qui ne sait, et pour nous, nous l'avons entendu dire à des agriculteurs fort éclairés, qui ne sait que, dans les expériences faites dans les fermes-

en compartiments égaux semés en blé de même qualité, on a employé diverses espèces d'engrais, entre autres le tourteau de sésame et le tourteau de lin, en mettant, dans chaque compartiment, des quantités différentes de chaque engrais. — Un compartiment a été semé sans fumier pour servir de terme de comparaison.

« Les personnes qui n'ont pas lu le mémoire marseillais croiront avec raison que, pour calculer le bénéfice que l'agriculture a retiré de l'emploi du tourteau, on va comparer le produit des compartiments fumés des tourteaux de lin et de sésame, avec celui du compartiment fumé par les engrais usités dans le pays. Cette méthode, la seule raisonnable et juste, aurait eu l'inconvénient de ne pas produire la somme nécessaire pour grossir *le bénéfice total résultant de l'introduction des graines oléagineuses dans le midi de la France.* On a été plus prévoyant : dans les résultats constatés *à la ferme-modèle,* on a comparé les produits des hectares *fumés de tourteaux de lin et de sésame* au produit de l'hectare *sans fumier,* apparemment pour laisser croire qu'avant le tourteau l'agriculture méridionale ne connaissait aucun engrais. On a ensuite considéré la différence donnée par les hectares fumés de tourteaux comme la richesse acquise par l'adoption du nouvel engrais. Puis on a embouché la trompette pour annoncer au monde entier ce prodigieux miracle, qu'un hectare *sans fumier* avait produit beaucoup moins que d'autres hectares fumés de tourteaux de lin et de sésame. »

modèles, on néglige presque entièrement, 1° le principe d'économie si essentiel à ménager, quand il s'agit des campagnes dont les profits sont exigus et les capitaux peu abondants ; 2° les modifications qu'exigent les variétés du sol, du climat, et les ressources des localités? Le problème à résoudre n'est pas seulement l'obtention, par l'emploi d'un engrais, de produits abondants et excellents; il convient encore et surtout de les obtenir avec profit, c'est-à-dire à des conditions telles que l'emploi ou l'obtention de l'engrais ne ruine pas ou n'annule pas le produit obtenu. Or c'est précisément là ce qui arriverait pour l'emploi des tourteaux aux oliviers; la très-faible augmentation de récolte qu'ils pourraient procurer ne compenserait jamais les pertes que ferait éprouver l'avilissement du produit. Et encore une fois, nous ne pouvons cultiver ni le blé, ni le sainfoin dans toute la Provence littorale. Ainsi disparaissent et se fondent devant un examen sincère tous ces millions que, selon l'auteur du rapport, l'importation du sésame devait assurer à notre agriculture.

Si, au lieu d'être imposé si bas et si dispro-

portionnellement avec les autres huiles, le sésame était tarifé d'après son rendement et sa
valeur commerciale, il continuerait de venir se
mêler utilement à la concurrence. Ses produits
oléagineux trouveraient leur spécialité, les usines continueraient de fonctionner, les ouvriers
d'être employés à la trituration, et, d'un autre
côté, les propriétaires d'oliviers pourraient alors
eux-mêmes espérer de profiter, pour leurs oliviers, d'un engrais qu'ils n'achèteraient plus par
le sacrifice de leurs produits. Et peut-être alors
y aurait-il quelque vérité dans les résultats que
l'auteur promet à l'emploi des tourteaux. Mais
ces résultats sont à cette condition, à cette condition seule *qu'un droit plus proportionnellement établi pèsera sur cette graine étrangère qui
envahit nos marchés.* Sans cette proportion, son
introduction continuera d'être un élément de
pertes pour notre commerce, notre marine, notre industrie, et un élément de mort pour notre
agriculture provençale; elle ne favorisera que
l'agriculture étrangère et ceux qui, pour réaliser
des bénéfices frauduleux, voudraient perpétuer
à minimité d'un tarif provisoire imposé, alors

qu'on ne connaissait pas encore la richesse du produit qu'il frappait.

Premier résumé. — Telles sont, en résumé, les conclusions qui ressortent naturellement de l'examen des faits, et qui s'opposent à celles que présente l'auteur dans son premier résumé de la page 27, sur les points que nous venons de considérer, et où il avait essayé d'établir que le progrès de l'importation dû à la minimité du droit d'entrée était favorable à notre agriculture, à notre industrie, à notre marine et à notre commerce.

Intérêt des consommateurs d'huile. — Après ce résumé, l'auteur essaie d'établir qu'un faible droit d'entrée assurera des bénéfices réels aux consommateurs d'huile d'olive et de savon ; et voici comment il raisonne : L'huile d'olive et le savon sont indispensables, et plus ces objets se vendent à bas prix, plus il y a d'avantages pour le consommateur. Or l'huile de sésame mêlée à l'huile d'olive dans la fabrication du savon, permettant de les livrer à des prix moins élevés, et l'introduction de la graine de sésame devant faire baisser le prix de l'huile d'olive, il faut donc introduire de la graine oléagineuse autant qu'on le pourra et à des tarifs aussi bas que possible, afin de faire baisser le prix de vente de l'huile comestible et des savons. On ne peut pas raisonner plus rigoureusement; mais il aurait fallu au moins se rappeler ce raisonnement jusqu'à la fin, et ne pas prétendre démontrer, à la page 32, que l'introduction du sésame ne fait pas baisser le prix de l'huile comestible, quand on a consacré la page 31 à établir que cette introduction fait baisser considérablement ce prix et facilite ainsi l'écoulement des denrées dont l'huile d'olive est l'assaisonnement ordinaire. Mais la vérité perce malgré tout. Remarquons encore, avant de quitter ce point, que les lois relatives à la fabrication des savons, prescrivant une marque et une inscription différentes pour les savons à l'huile d'olive et pour ceux à l'huile de graines, ce n'est qu'en fraudant le consommateur qu'on lui donne à plus bas prix un savon où entre l'huile de sésame, ou une huile qu'il croit huile d'olive, tandis qu'elle est huile de graines en grande partie. Mais la fraude commise, ou que l'on peut commettre à la faveur du bas prix des huiles de graines étrangères, est un point trop important pour le traiter en passant; nous l'examinerons plus loin d'une manière spéciale ; nous voulons seulement faire remarquer que le consommateur ne trouve d'autre profit dans le bas prix allégué, que celui d'être fraudé et de recevoir une marchandise pour une autre; ce qui est un pauvre profit.

Si, arrivés à ce point, nous nous posions la même question que l'auteur se posait : « *Le développement* de l'importation des graines oléagineuses exotiques dans le midi de la France, encouragé par le tarif des douanes, est-il un bienfait ouvrant à la France de nouvelles sources de travail et de richesses? », telle est la force de la vérité que, quoique cette question ainsi posée soit dénaturée et faussée, elle amène encore nécessairement cette réponse : *Non*, ce développement, avec *le tarif actuel*, est cause de ruine pour le commerce et l'agriculture, cause de fraude pour le consommateur.

Il va sans dire que l'auteur du rapport aboutit à des conclusions diamétralement opposées, et regarde ce développement et ce tarif comme une source immense de bienfaits; pourtant il reconnaît que des objections nombreuses se sont élevées de plusieurs côtés, mais il attribue ces objections à des jalousies ou à des craintes sans fondement. Or quels sont ceux que la crainte ou la jalousie empêche de reconnaître les bienfaits que leur procure l'inondation du sésame? Ce sont, suivant l'auteur, d'une part, les commerçants, les producteurs de graines et les fabricants d'huile du nord, qui se plaignent, les uns, que le sésame n'étant pas tarifé comme les autres graines oléagineuses, proportionnellement à sa valeur commerciale et à son rendement en huile, ruine le commerce des autres graines mieux imposées; les autres, que cette minimité des droits du sésame annule les produits de leur sol et de leur industrie et a fait perdre à leurs produits et à leurs usines le cinquante et même le soixante pour cent de leur valeur; et cela, au moment où leur agriculture se voit déjà presque dépouillée de la culture du lin par les Anglais; où la loi des sucres la menace d'une suppression totale de la culture de la betterave; où enfin l'éclairage

au gaz et à l'alcool, se substituant à l'éclairage
à l'huile, diminue chaque jour la culture du
colza. Ce sont, d'autre part, les producteurs
d'huile d'olive qui se plaignent de voir diminuer la consommation de leurs produits, et
s'avancer le moment où cette consommation
s'arrêtera tout à fait et où ils seront réduits à
la misère. Ce sont enfin, d'autre part, des contribuables qui se plaignent des préjudices que
porte au trésor la fraude favorisée par le droit
actuel, et de la nécessité où ils sont de voir leurs
impôts augmenter, en raison directe des bénéfices que réalisent l'agriculture égyptienne et
les fraudeurs français. A ces trois classes de
plaignants aveugles, l'auteur répond, en essayant
de démontrer qu'ils se trompent sur leurs propres intérêts, et que rien ne peut leur être
plus avantageux qu'un nouvel abaissement de
ce tarif qu'ils regardent déjà comme trop faible.
Nous laisserons entièrement de côté ce qui
touche aux intérêts des producteurs, des industriels et des commerçants du nord, attendu que
nous ne possédons pas, pour notre réponse, les
documents qu'ils doivent eux-mêmes posséder

et qu'ils sauront bien faire valoir ; nous n'examinerons que ce qui touche aux intérêts de l'agriculture des départements méridionaux oléicoles et aux intérêts du trésor.

Intérêt des producteurs d'huile d'olive. — « Si l'importation des graines exotiques a nui aux producteurs d'huile d'olive, nous dit l'auteur, en arrêtant la consommation de leurs produits, ou en en réduisant le prix, il doit y avoir ou encombrement sur les lieux de production et sur les marchés, ou baisse sur les prix, hors de proportion avec l'importance des récoltes ; or, continue-t-il, *il est constant que l'encombrement n'existe pas.* » Mais, sur ce point, l'auteur se contente de cette ligne, de cette assertion toute nue et sans faits qui la justifient ; et il devait être assez naturel pour lui de procéder ainsi, car les faits démentent cette assertion. Les faits, les voici tels qu'ils se passent à Grasse et sous nos yeux. Nous sommes en février [1],

1. Ce mémoire a été écrit le 26 février 1844, immédiatement après la lecture du mémoire de M. Estrangin et du discours de M. le marquis de Barthélemy à la Chambre des pairs. Au moment de l'impression (18 novembre 1844), la gravité des faits s'est accrue. Sur nos places principales de

c'est-à-dire en plein moment de récolte et de vente; eh bien! telle est la dépréciation où est tombée l'huile d'olive que le commerce local, effrayé par l'invasion toujours croissante du sésame, craint, en prenant des huiles d'olive, d'engager des fonds sur une denrée dont la valeur décroît chaque jour, et se condamne à l'inactivité. Nos plus grandes usines sont fermées, ce que de mémoire d'homme on n'avait jamais vu au moment de la récolte. Les huiles ni les olives ne peuvent se vendre; les populations s'effraient et se demandent, avec une douloureuse anxiété, quel avenir leur est réservé, si cet état de choses continue, et comment elles pourront venir à bout de payer les impôts que

commerce, l'huile est sans écoulement, même à quinze pour cent au-dessous du prix où elle était à l'époque de la rédaction du mémoire, et cela dans une année où la récolte des olives est entièrement nulle, non seulement dans le midi de la France, mais à Naples, en rivière de Gênes, etc., événement qui, avant l'introduction des sésames, produisait toujours une hausse d'un tiers de la valeur sur les huiles en magasin; et cette année, avec les sésames, le prix de l'huile d'olive a suivi une marche inverse. Que deviendrons-nous dans les années de récolte ordinaire? Quant aux huiles de fabrique, les savons sont descendus à Marseille aussi bas que possible, hors de toute prévision.

les fraudes faites au trésor tendent sans cesse à augmenter. Et l'auteur ose dire qu'il n'y a pas encombrement sur les lieux de production, et l'affirmer, sans s'être procuré le moindre renseignement sur ces localités, et cela sous le prétexte qu'il y a des difficultés pour les recueillir (page 34)! N'a-t-il donc eu à cœur que de recueillir les documents qui peuvent favoriser la cause de l'étranger, quand ils sont tronqués et combinés par un art mensonger? Et il nous accuse d'être aveugles et de ne pas comprendre nos intérêts! Il y a là une singulière et cruelle dérision.

En continuant, l'auteur nous dit « que l'encombrement n'existe pas sur les marchés, et qu'il est constant que les arrivages en huile d'olive de l'étranger ont été, en 1843, de 307,998 hectolitres, chiffre qui n'avait pas été atteint depuis dix ans. » Or ce fait démontre précisément le danger auquel sont exposés les producteurs d'huile d'olive. En effet, l'extension de l'emploi de l'huile de sésame à raison de son bon marché, avait, il y a deux ans, réduit l'usage des huiles d'olive qui étaient principalement fournies par Naples, la Grèce et le Levant.

Cette réduction a déjà engagé Naples à soigner sa fabrication d'huile ; et comme les huiles étrangères sont soumises à un même tarif, quelles soient comestibles ou non, Naples importe aujourd'hui en France comme huile comestible une grande partie des huiles qui entraient précédemment comme huile de fabrique. De là, une concurrence qui est et sera de plus en plus ruineuse pour les huiles d'olive françaises, sur les marchés français. Ce que Naples fait déjà, ne tardera pas à se faire également dans toute la Grèce et le Levant. Ainsi, avec son droit d'entrée illusoire et le bas prix qui en est la suite, le sésame nous ruine et par lui-même et par l'huile d'olive étrangère.

Mais, allant plus loin, l'auteur du rapport, « *qui ne s'est pas procuré de documents authentiques pour constater le prix des huiles comestibles,* » affirme cependant, qu'il a la certitude que jamais les producteurs provençaux n'ont vendu leurs huiles mieux que cette année ». (page 34). Nous ne reproduirons pas l'effrayant tableau que nous avons tracé plus haut; mais nous fournirons à M. le rapporteur les docu-

ments qui lui manquent. Peut-être alors sa
certitude changera-t-elle. A la dernière récolte
d'huile, elle se vendait 2 fr. le kilog.; en 1844,
elle se vend 1 fr. 35 c. Et quant aux quantités
vendues, les tableaux fournis et certifiés par les
courtiers royaux de la ville de Grasse, consta-
tent que du 15 octobre 1841 au 16 février 1842,
la vente s'élevait à 613,000 kilog., tandis que
du 15 octobre 1843 au 15 février 1844, elle ne
s'élève guère qu'à la moitié, à 341,500 kil. La
certitude de M. le rapporteur reste-t-elle la
même? Voici des considérations à ajouter à ces
documents. Telle est la cherté de la main-d'œuvre, la masse des avances, l'élévation des impôts
qui frappent la culture de l'olivier que, si les
huiles à bouche ne se vendent que 120 fr. les
100 kilog., le cultivateur n'est plus couvert
de ses frais. Or, lorsque l'impôt a été établi sur
les propriétés d'oliviers, il l'a été d'après une
base qui évaluait l'huile à 175 fr. les 100 kilog.
Elle ne se vend aujourd'hui que 132 fr., et remarquons bien que cette année encore, par
suite du manque de récolte en Égypte, l'importation du sésame n'a atteint que le vingt-cinq

pour cent du chiffre atteint pendant les mêmes
mois de l'année dernière. Si donc l'encombrement des huiles provenant des seules importa-
tions des six premiers mois de 1843, a pu produire sur nos huiles une baisse si prodigieuse,
que serait-il donc advenu si la récolte égyptienne
avait permis la même introduction qu'en 1843?

Mais ce qui n'est pas arrivé en 1844, arrivera
infailliblement en 1845, époque aussi fatale que
prochaine, que l'on peut assigner d'avance
comme le moment de la ruine des cultivateurs
de l'olivier.

Fraude sur l'huile. — Il importe de signaler
avec quelques détails comment l'importation
de la graine de sésame déprécie si considérablement les produits de l'olivier. A quoi donc est due
cette dépréciation? A un fait que l'auteur du rapport énonce avec une candeur digne d'une meilleure cause : au mélange de l'huile de sésame
à l'huile d'olive.

Ce mélange, qui peut se vendre à très-bas
prix et se vend comme *huile d'olive*, accoutume
le consommateur à ce prix et lui fait repousser
l'huile d'olive pure, que le commerçant plus hon-

nête ne saurait lui donner au même prix. Cette fraude est avouée par l'auteur du rapport; elle est même justifiée et préconisée par lui, et il va jusqu'à dire qu'elle doit aboutir aux résultats les plus avantageux pour les producteurs d'huile d'olive, en déterminant par la baisse du prix un accroissement dans la consommation. Il est étonnant, pour ne rien dire de plus, de voir l'apologie de la fraude faite hautement et devant la France par un ancien juge au tribunal de commerce. Mais, en tout cas, il est impossible de lui reconnaître les heureux résultats que nous promet l'auteur du rapport. La fraude a pénétré partout; elle a falsifié les vins; elle a vendu sous ce nom des décoctions et des mixtions dégoûtantes et nuisibles; elle les a vendues à bas prix, et la consommation a augmenté, mais au profit de qui? Au profit du falsificateur et non du producteur véritable. Les industriels qui falsifient les vins privent les villes de leurs recettes d'octroi, en faisant d'une pièce de vin chargée d'alcool, trois, quatre ou cinq pièces. De là, comme conséquence nécessaire, la ruine des propriétaires de vignobles. Dans le midi, les caves sont pleines, et le vigneron languit dans la misère; on l'a vu, ne pouvant payer ni ses dettes, ni le fisc, demander à grands cris d'être débarrassé de ses vins à tout prix. Pourtant, quelle énorme quantité de vin ne se consomme-t-il pas à Paris et dans les grandes villes? Mais la vigne ne produit du vin qu'une fois par an, quelquefois même tous les deux ans seulement. Mais le cellier et laboratoire du marchand-fabricant en produisent sans interruption, été comme hiver, et à peu de frais. Ainsi cela se fait et se fera pour les huiles; on mélange des huiles de graines aux huiles d'olive; on les vend à bas prix; on déprécie le produit véritable et naturel; on fournit au consommateur une substance de qualité inférieure; on prive le trésor de ses revenus légaux, ainsi que nous allons le démontrer immédiatement, et le falsificateur est le seul qu'enrichissent ces sales et dégoûtants tripotages.

Fraude sur le savon. — Ce qu'on fait pour les huiles vendues en nature, on le fait pour les huiles employées à la fabrication des savons, au mépris des lois et avec un cynisme éhonté. Pour donner une idée de l'impudeur avec laquelle on fait, on avoue et on prétend justifier ces mélanges frauduleux, je citerai les propres paroles de l'auteur du rapport : « Le même fait se passe d'une manière absolument identique pour les savons... Disons, en passant, que ces mélanges dans les huiles comestibles, que ces diverses qualités d'huile employées dans le savon, ne méritent pas les inculpations de fraude, de *sophistication* qu'on répète si volontiers. La fraude est de donner une marchandise qui a des propriétés nuisibles ou contraires à l'emploi auquel elle est destinée, ou nulles relativement à cet emploi. Mais, lorsque la qualité de la marchandise est indiquée, lorsqu'à défaut d'indication, le bas prix est une enseigne que l'acheteur sait bien comprendre, que la concurrence expose à la vue de tout le monde ; lorsque la marchandise, bonne en réalité, ne manque que de ces qualités extérieures, qui flattent le goût du consommateur sans lui être plus utiles, il n'y a pas fraude ; c'est fabriquer pour le consommateur pauvre tout ce qu'on peut lui donner pour son argent. » Et c'est immédiatement après ce passage où il n'a pas cité un seul fait, après les précédents, où il avoue lui-même n'avoir pas recueilli de documents et de constatations locales, que l'auteur du rapport ose ajouter : « Les faits qui précèdent répondent suffisamment à tout ce qu'il y a de sérieux dans les plaintes des propriétaires d'oliviers du département du Var. »

Ainsi, après l'impudeur, la mauvaise foi. Mais revenons à la fraude, afin de montrer le tort qu'elle porte aux producteurs, aux consommateurs, au commerce en général, au trésor, et la nécessité qu'il y a pour le gouvernement de s'opposer à ce que cette fraude continue d'être encouragée par la minimité du tarif qui frappe le sésame.

Nous avons déjà dit que la fraude, et la fraude telle qu'on la fait sur l'huile d'olive en la mélangeant d'une autre huile et en la vendant sous le nom d'huile d'olive, soit en nature, soit en savon, est une fraude véritable, une fraude prévue par les lois qui régissent la fabrication et la vente du savon. C'est frauder le public que de frapper le savon d'une fausse marque; et n'est-ce pas là ce qui arrive? Le *Lloyd Nantais*, ce défenseur officieux des fabricants de savon, commence un de ses articles par cet aveu candide : « Les savons de Marseille, quoique estampillés à *l'huile d'olive*, sont composés aujourd'hui, moitié de sésame, un quart de lin et de saindoux, et un quart seulement d'huile d'olive. » Et ce n'est pas là de la fraude ? Et ce n'est pas là tromper le public ? C'est le tromper également que de se soustraire à la loi, en n'indiquant pas la nature de la marchandise. Pourtant à ce sujet, l'auteur nous dit : « qu'à défaut d'indication, le bas prix est une enseigne que l'acheteur sait bien comprendre. » Cela n'est pas. Tout ce que comprend l'acheteur, l'acheteur proprement dit, le consommateur, c'est que telle substance se vend tel prix chez tel marchand ; il ne sait pas que ce marchand est un falsificateur ou une victime de la fraude ; il ne voit que le bas prix ; il ne va plus chez le marchand plus honnête ; il ne veut plus voir remonter la marchandise à un prix supérieur à celui où il l'a une fois achetée. La fraude devient donc comme une nécessité ; la fraude engendre la fraude chez ceux qui ont la conscience large ; elle produit la perte du marchand honnête et du producteur qui ne peut pas frauder. Donner une marchandise pour une autre, c'est frauder, c'est voler, puisqu'il faut dire le mot, n'en déplaise à M. le rapporteur et à sa manière d'entendre la fraude et la sophistication. Sera-t-il donc permis d'adopter ces définitions indulgentes et coupables, de les mettre en pratique au mépris des lois existantes, de tromper sur la qualité des marchandises? Les faux monnayeurs sont-ils donc plus coupables? Eux du moins ont l'héroïsme de l'audace et s'exposent aux chances presque infaillibles d'une punition. Faudra-t-il donc que, par la disproportion du tarif, le gouvernement se rende complice de la fraude? Et n'y eût-il que cette seule et unique considération, que le bas prix de l'huile de sésame, dû à la minimité de son tarif, est et peut être une source de fraude, un gouvernement qui se respecte doit faire disparaître ce tarif. M. le rapporteur dit encore que ces mélanges ne nuisent pas à la qualité du savon (p. 36 et 37). Nous emprunterons encore notre réponse au défenseur des savons, que nous avons déjà cité, au *Lloyd Nantais*. Chaque mois, en effet, on lit dans cette feuille : « La bonne marchandise devient de plus en plus rare. Nous sommes inondés de mauvais savons que l'industrie refuse de prendre. » Et ce que l'industrie refuse de prendre, le consommateur pauvre le prend, la misère l'y engage. Il est vrai que M. le rapporteur nous dit (p. 36), « qu'il n'y a pas fraude, et que c'est tout ce qu'on peut lui donner pour son argent ». *Aux gueux, la besace.*

On lit dans la même feuille : « Nous attendons de Marseille quelques navires qui nous font espérer que nous recevrons de meilleurs savons que ceux qui encombrent notre marché.»

Le *National* du 6 février, nous apprend qu'il en est de même à Paris. « Autrefois, nous dit-il, il n'y avait qu'une cote pour les savons; et de la belle marchandise à l'inférieure, la différence n'était que de un à deux pour cent tout au plus. Aujourd'hui, on remarque fréquemment deux cours distincts, l'un pour les savons vieux, l'autre pour les nouveaux, avec des différences entre eux de huit à dix pour cent. Et ce sont les savons détériorés qui sont les plus abondants.

Il y a mieux : ne sait-on pas que les acheteurs auxquels on fait aujourd'hui des remises de cinq, de huit et quelquefois de quatorze pour cent, sur les savons de livraison, tandis que jadis ces remises, appelées *réfactions*, n'étaient que de un à deux pour cent sur la base du type ; ne sait-on pas que ces acheteurs hésitent encore à recevoir la marchandise, parce qu'ils ne peuvent la garder sans péril ? Les graisses que contiennent les savons en déterminent très-vite la détérioration ; le défaut d'assimilation des alcalis avec des huiles nouvelles, qu'on emploie, entraîne en quelques mois la fermentation et la décomposition des produits. »

Eh bien ! est-il encore vrai de dire que ces mélanges ne nuisent point à la qualité des produits, et que ce n'est point frauder le public que de frapper ces savons de la marque *huile d'olive*, quand ils ne renferment ni la substance, ni la qualité qu'ils devraient renfermer, et qu'en conséquence il faut diminuer encore un tarif dont la minimité favorise un si honteux état de choses ?

Fraude faite au trésor. — M. le rapporteur ajoute que « les propriétaires d'oliviers du département du Var ont voulu intéresser le fisc à leur cause, en faisant sonner bien haut la prétendue fraude des fabricants de savon, qui jouissent de la prime d'exportation sur des savons dans la composition desquels il entre de l'huile de graine » (page 37). Que M. le rapporteur ne se trompe pas sur ce point, car son erreur tromperait les autres ; cette question sur laquelle il passe si légèrement, « attendu, dit-il, *qu'elle l'éloignerait de son sujet* » (page 37) (ce qui d'ailleurs est un moyen commode et prudent de se débarrasser d'une question gênante), cette question ainsi posée n'est pas précisément celle, n'est pas même du tout celle qui a intéressé les propriétaires du Var, et avec eux tous les contribuables de France. Nous la rétablirons à l'instant. Toutefois, en la prenant comme M. le rapporteur l'a posée, il y aurait toujours fraude, puisque la loi entend que la douane ne doit rembourser à la sortie que les droits acquittés *réellement* par les matières brutes, sans permettre de substitution. En d'autres termes, pour recevoir la prime sur des savons à huile de graines, il faudrait produire des quittances d'huile de graines. Mais, en supposant même qu'il y eût substitution de quittances et de nature d'huile, comme après tout les huiles de graines entrant en huile sont tarifées comme les huiles d'olive, le trésor et par conséquent les contribuables seraient désintéressés dans cette question. Aussi n'est-ce pas de cela que se plaignent les propriétaires contribuables? Rétablissons la véritable question. Par suite de la disproportion dans le tarif dont nous nous plaignons, tandis que les huiles de graines sont taxées d'un droit élevé, les matières avec lesquelles on les fabrique n'en payent presque pas, puisque le sésame ne paye que 2 fr. 50 cent., ce qui, d'après son rendement de 50 pour cent, n'impose l'huile qui en provient qu'à 5 fr. les *cent* kilogrammes nets, quantité qui, entrée en huile, eût été imposée de 25 et 30 fr. sur le brut par navire français, et de 33 fr. par navire étranger. Que résulte-t-il de cela? C'est que l'on n'introduit que des graines et jamais de l'huile de sésame ; et comme, au dire de M. le rapporteur, « l'huile de sésame entre merveilleusement dans la fabrication du savon, et lui donne plus *de blancheur et de consistance* » (page 12), les fabricants de Marseille l'introduisent dans leurs savons, et, au moment de l'exportation, présentent des acquits d'huiles d'olive importées par navires étrangers, et ayant payé par conséquent 33 fr. les cent kilogr. bruts, soit 38 fr. 50 cent. par *cent* kilogr. nets; et ainsi le trésor rembourse à l'exportation 38 fr. 50 cent., pour 5 fr. qu'il a reçus.

Est-ce là une fraude ou une prétendue fraude ? Eh bien ! cette fraude en est venue au point que, comme les quittances, constatant le paye- ment des droits d'entrée, sous quelque nom qu'elles soient, peuvent servir à tout fabricant, ces pièces sont à la bourse de Marseille l'objet d'une spéculation nouvelle et se vendent à une prime considérable. Ces faits sont trop patents, trop familiers à tous les fabricants de savon, pour que M. le rapporteur ait pu les ignorer; et pourtant il n'en dit pas un mot, et il dénature nos plaintes. Comprendrait-il maintenant pour- quoi nous réclamons, non sur la substitution de quittances d'huile d'olive à des quittances d'huile de graines, ce qui pourtant serait déjà une fraude, mais bien sur le remboursement de droits que le trésor n'a pas perçus? Cette fraude, pour ne rien dire de plus, est la conséquence d'un tarif trop bas; elle cesserait si le tarif était dans *une proportion plus juste avec le rendement en huile de sésame*, et voilà pourquoi nous réclamons cette proportion.

Un mot encore sur l'exportation des savons. A la page 37, l'auteur du rapport dit « que, pour les savons exportés aux colonies, le mélange des huiles de graines ne peut pas exister; mais sans doute il oublie qu'il a dit (page 12) que les fabricants ont reconnu que l'huile de sésame donne plus de consistance et de blancheur au savon. Lequel faut-il croire, de M. le rapporteur de la page 12, ou bien de M. le rapporteur de la page 37! Cette contradiction n'aurait pas existé, si M. le rapporteur avait distingué, comme on doit le faire, la graine de sésame et l'huile qui en provient, de toutes les autres graines ou huiles de graines qui n'ont pas les mêmes avantages.

Ainsi donc, les huiles de sésame entrent dans a fabrication des savons à exporter, elles y

entrent en quantités considérables ; elles réduisent le prix de l'huile d'olive qu'elles remplacent,
et portent ainsi un premier tort aux producteurs ;
elles servent à frauder le trésor en lui faisant
rendre ce qu'il n'a pas perçu, et portent ainsi
un tort plus général aux producteurs et aux
contribuables. Ajoutons encore une autre perte
éprouvée par le trésor et signalée, l'an dernier,
par M. E. Poulle à la Chambre des députés
(13 juin), et, cette année, à la Chambre des
pairs par M. Ferrier (le 19 février), savoir, une
perte sèche de 21 fr. faite nécessairement sur
chaque cent kilogrammes d'huiles de sésame
fabriquées en France, et remplaçant une égale
quantité de toute autre huile étrangère, attendu
que celle-ci eût payé à l'entrée une moyenne
de 27 fr. 50 cent., tandis que les deux cents
kilogrammes de graines de sésame, produisant
aussi cent kilogrammes d'huile, n'ont payé que
5 fr., différence nette, 22 fr. 50 cent. Or, en
1843 seulement, 180,000 quintaux métriques
sont entrés à Marseille et ont produit 90,000
quintaux d'huile. Entrée en huile, cette même
quantité aurait produit, en la supposant entrée :

Moitié	par navires français.	1,237,500 fr.
	par navires étrangers.	1,485,000

Total. . . . .   2,722,500 fr.

Tandis que, entrée en graine,
elle n'a payé que.   450,000

Différence . . . .   2,272,500 fr.

Joignons cette perte sèche éprouvée par le
trésor à celle que lui fait éprouver la fraude
signalée plus haut, et d'abord apprécions cette
fraude. En 1843 seulement, 51,000 quintaux
métriques de savon ont été exportés sous bénéfice de prime, soit en Europe, soit dans les
régions transatlantiques. Or, quoique M. le rapporteur de la page 37 nous dise « qu'il ne peut
pas entrer d'huile de sésame dans les savons
exportés aux colonies françaises ou étrangères », parce qu'il faut, pour cette expédi-
tion, des savons durs, nous nous rappelons que
M. le rapporteur de la page 12 nous a dit « que
l'emploi de l'huile de sésame donne plus de
consistance au savon ; » nous nous en tien-
drons donc à l'assertion de la page 12, et nous
regarderons l'huile de sésame comme introduite

dans tous les savons, quelle que soit leur desti-
nation. Or, comme dans chaque cent kilogrammes de savon il entre 70 kilogrammes d'huile, et
comme, d'après l'aveu même du défenseur des
savons, le *Lloyd Nantais*, les *trois quarts* de
l'huile employée sont étrangers à l'huile d'olive,
il suit que sur chaque cent kilogrammes de savon, il entre 52 kil. 5, soit seulement 50 kilogrammes d'huile de sésame. Cela revient à dire
que, sur les 50,000 quintaux métriques de savon exportés, 25,000 quintaux d'huile de graines
ont fait retirer une prime de 33 fr., soit 825,000 fr.
quand ils n'avaient payé que 65,000 fr. de droits
d'entrée ; ce qui fait 760,000 francs de fraude
qui, ajoutés à la perte sèche de 2,272,500 fr.,
ont fait perdre au trésor *trois millions*. Et cela,
pour favoriser l'agriculture étrangère, des industries hasardeuses, et ruiner notre industrie
et notre agriculture oléicole nationale ! Or si
tous les propriétaires sont fondés à se plaindre
des pertes et des fraudes que le sésame fait subir
au trésor, les propriétaires de l'arrondissement
de Grasse le sont plus que qui que ce soit, puisque les propriétés plantées en oliviers ont été

imposées sur une base qui évaluait l'huile d'olive
à 175 fr. les cent kilogr., que cette huile ne se
vend pas aujourd'hui 140 fr., et que c'est à l'introduction du sésame qu'est due cette diminution dans la valeur de leurs produits. Les propriétaires producteurs d'huile du nord ont à
faire valoir également cette dernière raison;
tant il est vrai que les intérêts du nord et du
midi de la France sont lésés par la minimité du
droit sur cette graine.

Que deviennent donc, après ce sévère examen,
ces profits que l'introduction du sésame devait
assurer au trésor? On ne trouve à leur place
que perte et fraude; comme à la place des bénéfices que cette même introduction devait assurer
aux producteurs d'huile, on ne trouve que ruine
et désolation. Tous ces avantages n'étaient donc
pas sérieux; ce n'était que pompe de mots, ou
plutôt ce n'était que groupes pompeux de chiffres
substitués à la réalité des faits; c'était une chi-
mère créée à dessein pour parler à l'imagination,
dérouter les esprits superficiels et satisfaire
ceux qui étaient prévenus par leurs intérêts.

Enfin, après avoir déplacé la question en commençant, ainsi que nous l'avons fait remarquer, après l'avoir continuellement rendue commune à toutes les graines oléagineuses importées, M. le rapporteur l'en sépare et se demande (pages 62 et 63) « *quelle raison il peut y avoir d'augmenter le droit sur le sésame?* Cette raison, nous l'avons continuellement dite, et nous allons la redire dans le résumé que nous allons opposer à celui de M. le rapporteur ; mais auparavant, nous avons besoin de prévenir contre un nouveau déplacement de question que commet M. le rapporteur. « Nous ne croyons pas, dit-il (page 63), que les lois de douane soient établies pour faire de la justice distributive entre les productions similaires des produits étrangers : ainsi, les soies de Naples ne paient pas plus que les soies inférieures du Levant ; tous les cafés paient également sans égard pour la diversité des qualités ; les blés sont soumis, etc.... » Mais, qu'on y fasse attention, la soie n'est pas similaire de la soie ; le café n'est pas similaire du café, il est identique au café. L'huile d'olive n'est pas similaire de l'huile d'olive ; aussi toutes les huiles d'olive sont semblablement imposées, quelle que soit d'ailleurs leur qualité. Mais le sésame, mais le colza, mais l'arachide, sont des similaires, et ces similaires doivent être imposés suivant leur rendement, parce que les olives étrangères, par exemple, sont imposées suivant leur rendement en huile. Si les olives entrent en nature, elles paient 5 fr. par cent kilogr. qui ne produisent que le 18, ou au plus le 20 pour cent., ce qui les soumet au même droit que si elles fussent entrées en huile, puisque l'huile d'olive paie 25 fr. par cent kilog., quelle que soit la qualité. Lors donc que les olives sont imposées de manière à acquitter les mêmes droits que si l'huile qu'elles contiennent était entrée à l'état d'huile, pourquoi le sésame jouira-t-il d'un privilège, au lieu d'être soumis au droit commun?

Résumé général. — Ainsi, en résumé général, l'introduction de la graine de sésame, avec son tarif actuel, est :

Nuisible aux intérêts du trésor, et par des pertes sèches et par les primes d'exportation qu'elle lui fait rendre, sans qu'il ait perçu les droits d'importation;

Nuisible aux intérêts de l'agriculture, en annulant la valeur de ses produits ;

Nuisible aux intérêts de la marine française ;

Nuisible aux intérêts de l'industrie qui triture les produits du sol national ;

Nuisible aux intérêts du commerce national et des consommateurs, par la fraude qu'elle favorise.

En conséquence, il y a justice à demander, non que cette graine soit prohibée, mais qu'elle soit soumise à un droit d'entrée proportionné à son rendement en huile et à sa valeur commerciale, conformément aux vœux exprimés par les Conseils généraux des Bouches-du-Rhône et du Var.

L'auteur du rapport que nous venons d'examiner, conclut à ce que le droit actuel d'entrée soit encore diminué, dans l'espoir, sans doute, que le gouvernement, placé entre ceux qui demandent une augmentation et ceux qui demandent une diminution, prendra un terme moyen et maintiendra le tarif actuel. Mais le gouvernement et les Chambres ne se laisseront pas prendre à cette petite ruse, et sauront bien distinguer que, du côté de ceux qui demandent une juste augmentation, se trouvent les intérêts nationaux, tandis que, de l'autre côté, ne se trouvent que des intérêts de spéculation hasardeuse, de fraude coupable et surtout d'agriculture étrangère.

TABLE

DES MATIÈRES

Paris. — Typ. G. Chamerot, 19, rue des Saints-Pères. — 12116.

9 782013 028516